紅天鵝

紅天鵝

中國非常規決策過程

韓博天（Sebastian Heilmann）著 ｜ 石磊 譯

中文大學出版社

《紅天鵝：中國非常規決策過程》
韓博天　著
石磊　　譯

© 香港中文大學 2018

國際統一書號 (ISBN)：978-962-996-826-7

2018年第一版
2018年第二次印刷

出版：中文大學出版社
　　　香港 新界 沙田 · 香港中文大學
　　　傳真：+852 2603 7355
　　　電郵：cup@cuhk.edu.hk
　　　網址：www.chineseupress.com

Red Swan: How Unorthodox Policy Making Facilitated China's Rise (in Chinese)
　By Sebastian Heilmann
　Translated by Lea Shih

© The Chinese University of Hong Kong 2018
All Rights Reserved.

ISBN: 978-962-996-826-7

First edition 2018
Second printing 2018

Published by　The Chinese University Press
　　　　　　　The Chinese University of Hong Kong
　　　　　　　Sha Tin, N.T., Hong Kong
　　　　　　　Fax: +852 2603 7355
　　　　　　　Email: cup@cuhk.edu.hk
　　　　　　　Website: www.chineseupress.com

Printed in Hong Kong

目 錄

圖表目錄

表格

插圖

前 言

中國政策過程與黨國體制的韌性

　　中國猶如一隻突然出現的「紅天鵝」，對政治學研究提出前所未有的挑戰。靈活堅韌的黨國體制加上一個快速擴張並具有國際競爭力的經濟體，中國代表了一個不同尋常、不可預測的實例，不但對全球政治經濟權力分佈具有巨大的現實影響力，而且對國家發展模式的討論也意義重大。中國的發展軌跡顛覆了我們的常識，塔雷伯 (Nassim Taleb) 把這種挑戰傳統認知的事件稱之為「黑天鵝」，[1] 本書則把中國獨特的政府治理方式視為一隻「紅色的天鵝」，促使我們反思比較政治中傳統的信念和模式。

　　經典的政治學研究主要是建立在對政治體制的二元劃分基礎上，政治體制非「民主」即「專制」，[2] 至多在兩極之間的灰色地帶增

1　參閱 Nassim Nicholas Taleb, *The Black Swan: The Impact of the Highly Improbable* (London: Penguin, 2008).

2　參閱 Jennifer Gandhi, *Political Institutions under Dictatorship* (New York: Cambridge University Press, 2010); Jan Teorell, *Determinants of Democratization: Explaining Regime Change in the World, 1972–2006* (New York: Cambridge University Press, 2010); Milan W. Smolik, *The Politics of Authoritarian Rule* (New York: Cambridge University Press, 2012).

加一些所謂「混合」或「脆弱」的政治體制。[3] 基於 1990 年代社會主義制度隨着蘇聯解體宣告失敗的經驗，大家普遍認為共產黨專政的體制不具備適應能力，這類專制政體不但有制度缺陷（比如缺乏權力的制約和平衡，壓制多元化的言論，忽視公民和政治權利），而且在機構設置、政策目標以及國家能力等方面也極少展現出活力。傳統的關於社會主義體制的文獻因此從行政機構、經濟協調、技術創新等角度質疑這種體制的進化能力以及國際競爭力。[4]

當我們把目光轉向中國，卻發現大部分國家機構設置雖然看起來跟前蘇聯或民主德國別無兩樣，但在眾多政策領域中國卻展現出令人驚訝的適應性和靈活性，特別是在促進經濟和技術發展方面讓人印象深刻。所以從體制角度來研究中國，我認為無法解釋中國所展現出來的與其他前社會主義國家截然不同的國家行動力和成效。我們需要採取一種超越現有體制分類的視角，才能更好地感受中國發展的活力。

為了避免體制研究內生的局限，本書轉向採用政策分析的方法。從方法論上來看，政策分析把政治體制分解為一系列的政策子系統，每個子系統展現出不同的特性和活力。[5] 通過分析不同子系統內，中國政府採用何種方式起草、制定、實施、評估以及修訂各種政治行動方案，我們能更加細緻地觀察中國政府治理方

3　參閱 Steven und Lucan Way Levitsky, *Competitive Authoritarianism: Hybrid Regimes after the Cold War* (New York: Cambridge University Press, 2011); Larry Diamond, "Thinking About Hybrid Regimes," *Journal of Democracy*, Vol. 13, No. 2 (2002), pp. 21–35; Wim Naudé, Amelia U. Santos-Pauline and Mark McGillivray (eds.), *Fragile States: Causes, Costs, and Responses* (Oxford, UK: Oxford University Press, 2011).

4　參閱 Valerie Bunce, *Subversive Institutions: The Design and the Destruction of Socialism and the State* (New York: Cambridge University Press, 1999); Archie Brown, *The Rise and Fall of Communism* (London: Bodley Head, 2009).

5　參閱 Michael Howlett, M. Ramesh, and Anthony Perl, *Studying Public Policy: Policy Cycles and Policy Subsystems*, 3rd edition (Toronto: Oxford University Press, 2009).

式的獨特性，避免體制研究中以偏概全的缺陷。

　　因此本書把制定政策視為一個沒有終點、不預設結果、開放
的過程，這個過程受政策主體間的利益衝突、周期性互動和不斷
反饋的機制所驅動，而不是歷史發展、政治體制或制度框架所必
然導致的線性發展的結果。準確地説，這是處於不斷變化的、極
其不確定的、要求極高的政治經濟環境下，一個發現政策和制度
多樣性的過程。[6] 這樣一種過程要求行動主體不但掌握政治決策
和執行的一整套方法，而且具有處理現有和未來挑戰的能力、一
旦決策失誤或衝突激化情況下糾錯的能力，以及適應變化多端經
濟和國際環境的能力。

　　這種以過程和行動為基礎，關於長期的國家行動力的研究超
出了以往抽象的、總體的、系統的、制度的視角。換句話説，本
書不打算探討政治的「硬件」（如憲法機構、黨組織、行政官僚諸
如此類），也不打算審視那些抽象的個別變量（如集權、層級控
制、法治保障、包容性或榨取性體制等等）。正相反，本書關注
的是中國政治的「軟件」，即驅使政策主體行動的動力和條件以及
行動方案出台的過程。憑藉這些軟件，笨重的官僚機構得以運
轉，靜態的法律條文得以施行。

　　政策過程分析的優勢在於開放的視角：一旦某個領域內出現
新的政府行動或規制（隨之而來會出現新的問題、利益、行動方
案以及衝突），就可以着手分析與之相關的政策起草和決策過
程。除此之外，這種分析視角可以避免對一些新出現的、不合常
規的現象視而不見，這恰恰是當前政治學研究中常犯的錯誤，即
不自覺地照着預設的體制類型，有針對性地找尋「真正」的市場經

6　參閲 Dani Rodrik, *One Economics, Many Recipes* (Princeton, NJ: Princeton University Press, 2007).

濟或「真正」的民主，而忽視了現實中影響制定政策和解決問題的
關鍵所在，無視非民主國家如中國所展現的出人意料的靈活和政
策創新能力。

中國獨特政策過程的革命起源

與蘇共和其他東歐的共產黨不同，中共在奪取政權之前，歷
經了近30年極其艱苦的革命動員和戰爭。在如此漫長的歲月中，
他們為了適應各種挑戰積累了許多寶貴的經驗，形成了一套「游
擊式制定政策」的方法。[7] 這套方法包含了一系列兼具主動出擊和
迂迴的策略，以應對突如其來的變化和不確定性。制定政策過程
中允許經常改變決定來適應周圍環境的變化，並在執行過程中不
斷調整，這種政策風格要求決策者儘量施展創造力，比如：

- 經常試探維持現狀的極限，抓住每一個可能的機會來改
  變現狀以有利於自己；
- 牢記核心戰略性目標，同時盡可能靈活選擇和使用戰術；
- 不管是傳統的、非傳統的、或從國外借鑒的戰術和組織
  方式，只要可利用就反複嘗試直至滿意；
- 隨時隨地尋找和利用有利機會，以增強政治實力，實現
  戰略目標。

這種讓中共在戰爭期間取得勝利的游擊式政策風格被傳承下
來，其所包含的一套靈活多變的政策工具先後在「建設社會主義」、
「不斷革命」、「改革開放」、「建設社會主義市場經濟」以及「入市」

7　參閱 Sebastian Heilmann and Elizabeth J. Perry (eds.), *Mao's Invisible Hand: The Political
Foundations of Adaptive Governance in China* (Harvard University Asia Center, 2011).

中被用來駕馭政府治理轉型中的波瀾。直至今日，游擊式政策風格依然影響着中共決策，對其治理的靈活性和不穩定性發揮作用。

必須指出的是，游擊式政策風格雖然帶來了靈活性，但本身也有根本缺陷：如民主和政治問責制缺失，過多的行政自由裁量以及片面追求戰略目標（比如經濟增長或人口控制），而忽略了其所帶來的負面效應（比如環境惡化或性別失衡）。隨着中國社會對政治問責、法律權利、社會保障以及環境保護的呼聲日漸高漲，民眾對這種為達目的不擇手段的做法容忍度會大大下降。本書第一章將詳細論述游擊式政策風格所包含的方法和工具。

政策試驗和創新

由地方發起改革和試驗，成功之後上升為國家政策推廣到全國，我把這樣的政策過程稱之為政策試驗，這種政策試驗的方法對中國1978年以來的經濟發展極為重要，因為試驗為身處笨重官僚和威權體制內的行動主體提供了各式各樣事先無法設想的機會。

通過試驗制定政策主要分三個步驟：首先各地設立「試點」或「試驗區」，其次從其中挑選出成功的經驗，總結為「典型經驗」，然後在更廣泛的地區內繼續嘗試（即「由點到面」或「以點帶面」），以此檢驗新政策是否具有普遍性，或者是否還需要再調整。往往經過幾年嘗試，最後才把新政策上升為國家法律。最典型的一個例子就是2007年出台的《破產法》，在這個爭議較大的政策領域，從1984年設立第一個「試點」開始，這部法律出台經歷了23年，這期間不同城市、不同行業、不同企業反複嘗試過各種試行條例。

政策試驗最著名的例子就是中國設立的經濟特區，設立特區的目的就是為了試驗對外經濟開放的政策以及隨之需要修改的經濟法律規章。除此之外，幾乎所有重要的經濟改革，從解散農村

集體經濟到國有企業改革，從建立資本市場到農村醫療保障體系，無不是先從地方進行的試驗開始，同時上一級政府有選擇地介入。政策試驗最核心的就是地方和中央之間的互動，有的階段主要由地方推動（比如提出試驗倡議和實施試點方案），有的階段主要靠中央推動（比如挑選成功的地方「典型試驗」並通過「由點到面」推廣到其他地方），這些中央和地方的互動推動試驗不斷前進。總的來說，大的政策目標是由中央確定，具體實施辦法則先由地方自己摸索，然後才推廣到全國。

實踐中，這種試驗方法允許嘗試新的解決問題的方法，以適應新出現的情況，同時不需要改變整個政治體制。這種循序漸進制定政策的方法是中國從1980年代以來進行的廣泛的政治和機構轉型的一個重要前提，儘管遇到不少機構、政策和意識形態等慣性力量的阻礙。

與西方民主國家以制定法律為導向的政策過程相比，中國在制定法律法規之前可以先試驗，而西方國家因為受到依法行政的約束，必須先立法才行動。所以嚴格說來，中國這種政策過程並不符合依法行政的原則，但對於理解中國政府1978年以來在經濟、技術、社會保障領域所呈現的適應和創新能力卻很能給人以啟發。本書第二到第四章將詳細闡述政策試驗是如何驅動政策創新的。

發展規劃和設定長期政治目標

中國領導人認為中國政治體制的一個最大優勢就是制定長期的發展優先順序以及「集中力量」實施國家大型建設項目。相比之下，西方民主制度由於週期性地選舉和政府更迭，無法實施長期的發展目標和政策。確實，中國的中長期發展規劃對協調和引導不同政策領域起到關鍵作用。

　　發展規劃中最著名的例子是「國民經濟和社會發展五年規劃」，在這個規劃裏中共和政府羅列出他們的政治目標和行動綱領，這實際上為各級政府行政設置了一個框架。在這個框架內，各級政府制定出成百上千各種行動方案，這些方案彼此相聯，有時相互矛盾。這個巨大的政策網絡並不會因為前一個國家的「五年規劃」結束而消失，而是繼續發揮作用。換句話說，中國並不存在一個統一的規劃周期，不同的政策領域，不同的行政層級都有各自的規劃周期，由此構成了一個有差異的、不間斷的協調和評估循環周期。21世紀以來，中國的五年規劃包含了不同的預測性指標體系（即政府所希望實現的目標）以及嚴格執行的約束性指標，這些約束性指標同時也是評估各級行政部門和考核幹部的標準。

　　中國新型發展規劃的作用、程序以及工具都與傳統的社會主義國家的經濟計劃有了很大區別，傳統的計劃主要是借鑒蘇聯的經驗形成的。1990年代以來，中國學習和借鑒了日本、南韓發展規劃的經驗，按照市場規律，為發展國內國際市場進行規劃，期望由此發揮中國的發展潛力，改造經濟主體、推動社會和生態和諧發展。發展規劃體現了中國領導層不放任市場、保留對市場「宏觀調控」的訴求。規劃是一項超越不同政策領域的國家行為，具有以下三方面的作用：

- 戰略協調：從預期性、長期性、綜合性的角度來確定國家政策優先順序並對其進行協調；
- 資源動員：根據政策制定者對經濟和社會持續發展必要性的判斷，調動和集中有限的資源進行結構調整；
- 宏觀調控：為了實現預定的發展目標，預防劇烈的經濟周期波動和遏制外部衝擊，國家控制主要經濟變量的增長和水平。

在規劃制定、評估和調整的過程中，越來越多的政府部門和專家顧問參與其中，越來越廣泛地反映企業和社會的利益。甚至是國外的經濟和環保專家以及組織(比如世界銀行)也被定期邀請對規劃的制定和評估提一些建議。對於規劃的成效，中國內部也有爭議。既有證據證明規劃得到有效實施(比如在基礎設施建設、扶貧、科技發展方面)，也有例子顯示規劃的失敗(比如改變以投資和出口為導向的發展模式)。鑒於此，應該避免對規劃過於籠統的結論，而應區分不同政策領域不同時期來評價規劃的成敗。本書的第五和第六章將詳細展示新型規劃所包含的特有的設定和調整長期政策優先目標的機制。

幹部考核和政策調整

大多數西方國家的政府或國會要麼提出一個籠統的執政目標和政策優先順序(多數在政府輪換之後提出)，要麼針對某個具體的政策領域(比如環保和技術政策)出台一個建立在共識基礎上的方案，之後政府各部門再一步一步地實施，而實施過程常常需要做出妥協，或者在緊急情況下不得不改變初衷，所以政府在具體行政過程中經常會偏離立法時所確定的目標。

除此之外，作為立法機構的國會也不會給行政部門提出量化目標，以此衡量政府執行過程是否達標。恰恰相反，國會儘量避免讓自己所做的政治決定與透明的、可檢驗的方式掛鉤，一方面是因為大家普遍不相信，在一個開放的市場經濟裏，政府能夠控制所有的經濟和社會的變量。另一方面，執政黨也是從自身利益出發，不希望量化自己的政績，讓人檢驗。這樣即使執政失敗了，也讓人抓不到把柄，從而避免在競選中受到對手攻擊。

西方國家這種制定政策的方式導致一些含糊不清的目標被寫

入法律，這些目標無法為具體的行政行為提供指引。雖然依法行政要嚴格按照法律規定的程序進行，但法律卻不能指明方向，或告訴行政部門執行政策的優先順序。許多工業國家和新興國家的行政體系中，雖然按照「新型公共管理」的原則也設立一些量化的政績目標，但是這些目標大多跟行政業務掛鉤（比如稅務或環境管理的任務之類的），超出行政業務之外的目標，比如支持經濟結構轉型，維護社會穩定或推動技術投資等，卻不包括在內。

中國的政府機構卻不一樣。他們試圖用各種量化的指標來規範領導幹部的行為，這些指標不僅僅包括行政業務，而且包括上一級黨政機關所確定的國家的、政治的目標，這些目標包括了發展黨組織、反腐敗，甚至是引導經濟和政府創新以及維護社會穩定。這些政治目標和政績考核標準主要是為了保障下級政府切實執行國家政策。考核工作主要是由中共組織部負責，從1990年代開始組織部會根據不同的任務和政策優先順序來調整考核指標，考核的結果會直接影響幹部的提拔、降級或解職。由此可見，在中國，政策執行主要是建立在幹部責任制之上（即個人對黨組織負責的制度），而不是法律責任。

中國政府官員的行為受到與其他工業和新興國家完全不一樣的行為標準和激勵機制所驅動。無論是長期還是短期的政策，黨所決定的政策優先順序優先於法律和專業標準。這種制度安排為政策執行提供了不同做法和效果。一方面可以用幹部考核指標來明確和調整工作重心。比如，從1990年代開始的各地政府招商引資、加強基礎設施建設、工業生產中引進新的環保標準等，就是執政黨把這些任務量化後，加入到幹部考核指標中，從而使各級政府都必須執行中央的決定。另一方面，這種量化的政績考核也導致了政策執行過程不受司法約束，容易忽視當事人的權益。比

如在完成計劃生育指標或降低犯罪率等方面，有的地方政府濫用暴力來執行政策，嚴重損害了公民權利。

中國獨特政策過程的優勢與弱點

從國際比較的角度來看，中國制定政策的方法顯得不同常規：政府的行動計劃常常以試驗方式啟動，不需顧及是否有法律法規作為依據，之後在試驗過程中執行、適應、修改、再執行，這個過程始終處於一種變化和調整的流動狀態，被批准的行動計劃是變化的主體，國家行動的軌道可以修改。這種與西方法治為主導的政策過程相比，有更多的不確定性和不可預見性。

無論是游擊式政策風格還是分級制試驗，中國的政策過程都是建立在中央和地方互動這樣一個基本模式之上：即中央確定政策目標，政策實施的工具卻是由地方自己摸索和嘗試，最後才在全國範圍內推廣。這種反複試驗及不斷反饋的機制加上中國巨大的地方差異，非常適合發現多樣化的政策工具和培育不同的動員組織模式，這讓中央政府無論面對何種情況都能找到相應的政策工具。中國一方面是中央集權和層級制度，另一方面允許地方發揮主動進行政策試驗，甚至偏離中央確定的目標，這種中央和地方互動的制度安排充滿張力、高度靈活但同時也很脆弱，特別是當中共高層出現意見不和或地方要求更大的自主性的時候，容易導致政策過程的停滯。

總之，無論是中國的政治體制、政治決策、政策或規劃不能被簡單視為單一的、彼此分割的、起草文件的一個結果，而是應該被視為是一系列意見、文件、試驗、反饋和調整的行動，是一個受各種互動和反饋機制所驅動的過程，而不是照規章或職責所

運行的過程。這種政策過程讓一個威權體制變得有活力和彈性，但同時也帶來了濫用權力、問責義務缺失、權力制約不夠等弊端。

　　從歷史的角度來看，中國的政策過程靠的是一種經驗學習的能力，[8]這種學習能力與歷史上其他一黨專政的國家相比也是少有的。但是這種學習卻是嚴格工具化的、以問題為導向的、隨時可以中止以及受到控制的。這種學習是不涉及權力結構的改變，不影響黨的統治或引向憲政的。因此中國政府體制中所欠缺的權力制約以及法治保障是無法通過上面所描述的政策過程來彌補，而只能是局部的改善而已。

8　譯注：這與以思辨為主的學習方法不同。

第一章

中國適應性治理：
比較政治中的「紅天鵝」*

　　毛澤東逝世之後的30多年裏，不斷有人預言中國政治即將崩潰。東歐及蘇聯相繼解體之後，中華人民共和國雖然倖存下來，但也沒能讓中國政府行將就木的預言消失。[1] 這些年我們甚至看到以此論調為題的書籍紛紛面世，譬如《中國即將崩潰》、《中國陷入轉型困境》、《中國：脆弱的超級大國》，聽起來稍微樂觀一點的則有《中國的民主前景：將如何發生並將走向何方》。[2]

* 　本章初稿題為〈中國如何處理不確定性：游擊式政策與適應性治理〉，曾發表在《比較》2012年第6期，第63卷，由作者和裴宜理 (Elizabeth J. Perry) 共同完成。閻小駿和周凱也參與了翻譯工作，本章有輕微改動和刪節。

1 　參閱 Roderick MacFarquhar, "The Anatomy of Collapse," *New York Review of Books*, Vol. 38, No. 15 (1991), pp. 5–9; Jack A. Goldstone, "The Coming Chinese Collapse," *Foreign Policy*, No. 99 (1995), pp. 35–52.

2 　參閱 Gordon G. Chang, *The Coming Collapse of China* (New York: Random House, 2001); Pei Minxin, *China's Trapped Transition: The Limits of Developmental Autocracy* (Cambridge, MA: Harvard University Press, 2006); Susan L. Shirk, *China: Fragile Superpower* (New York: Oxford University Press, 2007); Bruce Gilley, *China's Democratic Future: How It Will Happen and Where It Will Lead* (New York: Columbia University Press, 2004).

另一方面，中國經濟持續高速增長，這讓一些人對應當隨之
而來的政治轉型充滿期待。他們想當然地認為，隨着社會動盪不
斷加劇，要保持經濟增長就必需拋棄過時的共產黨統治，採用自
由民主制度。然而，一個又一個十年過去了，中國共產黨並沒有
行將就木，與此相反，經受了1976年毛澤東逝世、1989年天安門
學運、1997年鄧小平逝世及2008–2009年大規模少數民族騷亂等
事件的考驗，中國政府越來越熟練應對諸如領導權力交接、群眾
抗議、行政改革、法治化以及融入經濟全球化等各種複雜的挑
戰。執政的中國共產黨顯示出令人驚奇的生存能力，先後渡過了
1997–1999年的亞洲金融危機、2003年的SARS傳染病暴發，以及
2008–2009年的全球經濟衰退等等。這些危機往往會給許多脆弱
的政權敲響喪鐘。

需要明確的是，這種不進行政治自由化的經濟快速增長實際
上代價高昂，其中最明顯和最嚴重的代價也許是普通中國公民自
由權利的匱乏。另外政治缺乏制約也是導致現今中國面臨的官員
腐敗、消費者權益保護不力以及環境破壞等問題的原因之一。不
難想像，這些問題遲早會導致體制變遷。

在這裏，我們不打算冒險預測共產黨在中國還會統治多久。
歷史上發生的偶然事件多變難測，這讓預言未來毫無價值。我們
也不猜測未來中國政治體系會變成什麼樣子，這種改革遠景還是留
給中國的決策者與改革家來描繪更為適當。作為社會學家我們只
想重新審視令共產黨執政到今天背後的原因，或更準確地說，這背
後的政策機制。[3] 過去30年中國共產黨是如何實現快速和深遠的組

3　本書沿用埃爾斯特(Jon Elster)對「機制」(如政策、行政等)這一概念的定義：「頻繁
　　發生且易於識別的因果模式，一般發生在情況不明朗或後果不確定的條件下。」
　　參閱 Jon Elster, *Explaining Social Behavior: More Nuts and Bolts for the Social Sciences* (New
　　York: Cambridge University Press, 2007), p. 36.

織、經濟和社會轉變？這個威權政權為應對有史以來最快的經濟增長所帶來的動盪，運用了何種政治技巧和操作流程？畢竟經濟轉型不光帶來更多財富和全球影響力，亦帶來了政治意識形態對立、收入和地區不平等加劇、以及此起彼伏的群體抗議等嚴重問題。

中國猶如一隻「紅天鵝」挑戰現有理論

政治學對政權分類和政體變遷的傳統研究是建立在二元對立的系統論基礎上，這種源自冷戰時期的分析框架關注「從獨裁體制到民主體制」，「從計劃到市場」等這類問題，卻沒有共產黨政權所具備的適應性這一概念。從制度上看，共產黨執政的體制被公認為是僵硬的，不具備在行政機構、經濟協調、技術創新以及國際競爭等方面自我完善的能力。[4] 這些傳統的理論無法幫助我們理解一個有創新能力和競爭力的強大中國及其背後所蘊含的動力，即使賦予傳統理論新的內涵，也難擺脫其時過境遷的局限。[5]

中國沒有走上西方社會學家們和民眾所預見和期待的道路，市場化未譜出民主化之樂章。儘管毛澤東統治時期經常採用的意識形態控制、鬥爭運動、組織依附（organized dependency）等方式已經讓位於現今更規範的技術官僚管理模式，[6] 甚至在某些領域出

4　參閱 Valerie Bunce, *Subversive Institutions: The Design and the Destruction of Socialism and the State* (New York: Cambridge University Press, 1999); Archie Brown, *The Rise and Fall of Communism* (London: Bodley Head, 2009).

5　即使增加「混合政體」這一政府類型，對理解中國的作用亦十分有限。參閱 Larry Jay Diamond, "Thinking About Hybrid Regimes," *Journal of Democracy*, Vol. 13, No. 2 (2002), pp. 21–35; Steven Levitsky and Lucan Way, *Competitive Authoritarianism: Hybrid Regime Change after the Post–Cold War Era* (Cambridge: Cambridge University Press, 2011).

6　參閱 Andrew G. Walder, *Communist Neo-Traditionalism: Work and Authority in Chinese Industry* (Berkeley: University of California Press, 1996).

現了協商的治理模式，但中國至今沒有向多元的選舉民主制轉變，依然是一個按照蘇聯模式組織起來的黨國合一的威權國家。在我們看來，中國雖然受蘇聯模式的啟發建立了國家正式制度，但政府在實行治理的時候，卻使用了一套自己獨創的方法，這些方法有的源自革命時期和建設時期，有的則是改革開放後有選擇地借鑒國外經驗基礎上形成的。正是這些治理技巧為一個難解之謎提供了新的答案，那就是為什麼中國沒有進行政治體制改革，仍取得驚人經濟成就。

雖然中國政府引進了市場機制，但政府依舊通過掌握公共財產的所有權、廣泛的行政干預、以及任命企業高級管理層等方式控制着關鍵產業(包括基礎建設、通訊業、金融業等)的「制高點」。由此看來，中國從根本上有別於英美式的市場化加私有化範式。另外，中國執政黨主導的發展模式也與日本和韓國國家主導的「發展型國家」大相徑庭。控制國有企業和公共財產、任命企業高管這些做法對日韓兩國的經濟發展所起作用微乎其微，另外日韓兩國是在經濟發展到一個成熟階段後才開放對外貿易，[7]這與中國改革之初就實施對外開放顯然不同。

我們將在下文詳細說明，中國共產黨在不斷變化和不確定的環境下維持統治的主要方法可以追溯到其早期的革命經驗，這些治理技巧深受毛澤東及其追隨者思想的影響，他們將政策制定視為一個不斷變化、解決矛盾、持續實驗和隨時調整的過程。這種治理技巧實際上反映了一套思維方式和方法，這與其他政體更倚重官僚和立法的治理模式形成鮮明對比。

中國過去30年所經歷的特殊的發展道路，不僅對中國研究是

7　　參閱 Mark Beeson, "Developmental States in East Asia: A Comparison of the Japanese and Chinese Experiences," *Asian Perspective*, Vol. 33, No. 2 (2009), pp. 5–39.

個謎，同時也為比較政治研究出了一道難題，當下流傳甚廣的現代化、民主化以及政府轉型理論對解釋後毛澤東時代的中國充其量只提供了一束微光。[8]

中國就尤如一隻「紅天鵝」，對現有的社會學理論提出了挑戰。[9]黨國體制的政治韌性，加上一個快速增長的、具有國際競爭力的、融入全球分工體系的國民經濟，這使得中國成為一個重要的、非同尋常的、難以預測的案例。中國潛在的巨大衝擊不光影響世界政治和經濟實力的分配，亦會影響全球關於發展模式的討論。用社會學方法論的術語來說，中國罕見的發展軌跡「無論是作為自變量還是因變量對研究都具有極其重要的價值」。[10]就這點而論，中國對政治變遷的傳統理論和模型提出了挑戰。

由於以往的學者總依賴從他們較為熟悉的那些歷路徑中衍生出來的概念和理論去研究中國，因此他們常常把富有潛力的創新之舉視為謬誤、例外、極端，甚或不過是死路一條，因而排斥或忽略它。如果中國實際上正在探尋一條獨特道路呢？又或者如果中國因其規模、歷史和讓世人驚訝的成就，自創一些前所未有、對西方聞所未聞的治理手段呢？中國過去30年所採用的制度性和政策性的解決辦法是否僅僅是一種過渡手段，我們尚難確定，但這些辦法到目前為止相當有效，單從這點中國就值得我們社會學家密切關注。假若這些手段長久發揮作用，它們肯定也會引起大眾廣泛的興趣和關注。

8　參閱Elizabeth J. Perry, "Studying Chinese Politics: Farewell to Revolution?," *The China Journal*, No. 57 (2007), pp. 2–5.

9　這裏的「紅天鵝」取自「黑天鵝」現象，表示無法預知的偶發事件，具體參閱 Nassim Nicholas Taleb, *The Black Swan: The Impact of the Highly Improbable* (New York: Random House, 2007).

10　參閱John Gerring, *Case Study Research: Principles and Practices* (New York: Cambridge University Press, 2007), p. 101.

作者在這裏既不歌頌亦不否定中國的改革成就，我們只是力圖去理解它們。這需要首先探索中國各種治理方式最初形成的源頭。我們將在書中證明，源頭乃是根植於毛澤東時代豐沃的土壤裏。目前大部分研究往往局限於改革開放時期，這種割裂歷史的研究方法不幸忽略了中國發展動力的關鍵來源。所以我們決定把研究的時間跨度延伸到中國革命傳統成型時期(1927–1949)和改革開放前的社會主義建設時期(1949–1976)，找出當時政策形成和實施的過程以及方法，即我們稱為「毛時代」的治理方式。[11]

這些治理方式在毛澤東主導的長達半個世紀的歷史過程中也曾演變出各種形態。譬如富有毛澤東個人特色的群眾動員方式在1949年取得政權之前和之後的某些階段，受到了更接近正統蘇聯風格的官僚治理方式的衝擊。毛推崇的方式雖然最終在反對中佔了上風，但中國老百姓並未從中獲益。「大躍進」就是一個典型的例子，這種靠全民運動發展經濟的模式最終因手段過激而得不償失。採用革命的手段來治理經濟，成敗的關鍵是領導和意識形態，這二者決定了最終結局是破壞還是建設。

制度主義學派的流行解釋

許多學者解釋中國政治為何具有令人迷惑的活力的時候，最先都是關注制度因素。黎安友(Andrew Nathan)認為，中國政權有驚人的韌性可歸因於權力交接制度化和對派系的遏制，以及成功

---

11 中國官方並沒有正式使用過「毛主義」這一術語，而是用「毛澤東思想」來概括中國共產黨在社會主義革命和建設中總結而來的集體智慧，在這裏我們沿用西方廣為人知的「毛時代」用來特指1976年之前官方的政治意識形態和領導綱領。

運用多種「導入機制」（input institutions）來培養對政府的「高度認
同」，這些「導入機制」包括地方選舉、信訪、人大、行政訴訟、
大眾媒體等等。[12] 沈大偉（David Shambaugh）也認為中國共產黨本
身「具有一定強度與韌性」，一系列的黨內改革以及其他影響到政
權、社會和經濟領域的改革都有益於加強共產黨的統治能力。[13]
諾頓（Barry Naughton）和楊大力指出，中國保留了中央控制的核
心要素──「黨管幹部」制度（nomenklatura system），這種以黨任
命領導幹部為主的人事制度是鞏固國家統一的最重要機制。[14] 魏
昂德（Andrew Walder）則發現，雖然自毛澤東時代起中國政治精
英的人員構成發生了顯著變化（比如教育學歷明顯提高），但其組
織結構卻一直很穩定。[15]

　　上述這些學者關注的是正式制度，而另一些學者則強調非正
式制度所發揮的作用。譬如，蔡欣怡（Kellee Tsai）認為「非正式的適
應性制度」（informal adaptive institutions）的作用很重要，如私營企
業家暫時將其企業註冊為集體所有，從而令中央權威能合法地推
出改革舉措，這種靈活的做法間接鞏固了政權。[16] 蔡曉莉（Lily
Tsai）則發現地方「非正式的問責制度」（informal institutions of
accountability）（如寺廟，社團和宗族）在中國農村地區具有提供公

12　參閱 Andrew J. Nathan, "Authoritarian Resilience," *Journal of Democracy,* Vol. 14, No. 1
　　(2003), pp. 13–15.

13　參閱 David Shambaugh, *China's Communist Party: Atrophy and Adaptation* (Washington,
　　DC: Woodrow Wilson Center Press and Berkeley: University of California Press, 2008),
　　pp. 2, 176.

14　參閱 Barry J. Naughton and Dali L. Yang (eds.), *Holding China Together: Diversity and
　　National Integration in the Post-Deng Era* (New York: Cambridge University Press, 2004), p. 9.

15　參閱 Andrew G. Walder, "The Party Elite and China's Trajectory of Change," *China: An
　　International Journal*, Vol. 2, No. 2 (2004), pp. 189–209.

16　參閱 Kellee S. Tsai, *Capitalism without Democracy: The Private Sector in Contemporary
　　China* (Ithaca, NY: Cornell University Press, 2007).

共產品的作用,據她分析,這些對社會具有凝聚作用的團體(成員既有普通村民,也有當地幹部)對支撐中國鄉村政府越來越重要。[17]

要全面回答「為何共產主義體系在中國至今保有韌性」這個問題,不同時期不同領導及他們所面對的不同挑戰,得到的答案也有所不同。我們不否認正式或者非正式制度所起的作用。但是為何在眾多共產黨執政國家中,惟有中國從這樣的制度安排中受益?畢竟共產主義體系被定義為具有以下共同的制度結構:列寧主義政黨、集體化生產、指令經濟、中央控制的宣傳機器以及公共安全機構等等。那麼是什麼造成當代中國和其他前共產黨執政國家之間的差異呢?為何僅僅中國容許存在更多的非正式制度呢?與蘇聯和東歐國家相反,為何中國的黨國體制不僅安然度過1989年的危機,而且僅以一代人的時間即在經濟和社會轉型方面取得了如此驚人的變化呢?

我們相信,這都是因為中國共產黨創造地繼承了中國革命傳統中一些成功的經驗。與蘇聯和東歐國家不同,中國共產黨奪取政權之前,歷經了近三十年的革命和鬥爭。在如此漫長的過程中,共產黨被迫從大城市轉移到偏僻農村地區,進而從南方徒步跋涉到西北。在極其艱苦的環境中,他們為了適應各種挑戰積累了許多寶貴的經驗教訓。毋庸置疑,這些豐富的革命經驗讓共產黨取得巨大勝利,同時也在建國早期因毛的激進而導致慘重失敗。[18] 比如,1950和1960年代中國共產黨曾發動各種群眾運動,有的運動提高了人民的識字水平,改善了基本醫療狀況,但有的

---

17 參閱Lily L. Tsai, *Accountability without Democracy: Solidary Groups and Public Goods Provision in Rural China* (New York: Cambridge University Press, 2007).

18 相關具體案例請參見Ping-ti Ho and Tang Tsou (eds.), *China in Crisis*, 2 volumes (Chicago: University of Chicago Press, 1968, 1969); Michel Oksenberg (ed.), *China's Developmental Experience* (New York: Praeger, 1973).

運動也造成了20世紀最嚴重的饑荒和環境破壞。[19]上述群眾運動的源頭都可以追蹤到戰爭年代根據地時期的政策。

　　鮮為人知的是，這些革命經驗至今繼續發揮着重要作用，影響着毛之後的幾代中共接班人。改革時代的中國通常被視為一個後革命社會——人們普遍以為，除了明顯的列寧主義的黨國體制之外，毛時代的觀念和做法均已遭到徹底的批判和摒棄。[20]特別是冷戰結束之後，意識形態衝突讓位於經濟競爭，往昔的革命經歷最多不過是歷史演義而已。

　　儘管共產黨執政國家的制度具有共同性，但從革命年代直至今天，中國都走的是一條與眾不同的道路。與蘇聯及其東歐衛星國不同，毛澤東帶領下的中國表現出一種超越追求政權穩固的政策風格，一種不斷試驗和改革的政策風格，用毛的話就是「不斷革命」。偉大舵手在1949年後以唐吉柯德般的狂熱追求繼續革命，他所採用的方式詭秘多變又獨一無二，雖然具有破壞和毀滅的一面，但也潛含了靈活多變的另一面。在漫長的革命歷史中，中共形成了一套「游擊式的政策制定」（guerrilla-style policy-making）方法，[21]這套方法包含了一系列兼具主動出擊和迂迴的策略，用

19　關於1959–1962年大饑荒及其政治影響，參閱Dali L. Yang, *Calamity and Reform in China: State, Rural Society, and Institutional Change since the Great Leap Famine* (Stanford, CA: Stanford University Press, 1996); Jasper Becker, *Hungry Ghosts: Mao's Secret Famine* (New York: The Free Press, 1966)；關於毛澤東發動的各種運動所造成的環境破壞參閱Judith Shapiro, *Mao's War against Nature: Politics and the Environment in Revolutionary China* (New York: Cambridge University Press, 2001)；關於中國從1950至1970年代在基礎教育和公共醫療這兩個領域所取得的成績以及與印度所形成的鮮明對比，參閱Jean Drèze and Amartya Sen, *India: Economic Development and Social Opportunity* (New York: Oxford University Press, 1995).

20　李澤厚、劉再復：《告別革命：二十世紀中國對談錄》（台北：麥田出版股份有限公司，1999）。

21　這一術語是馬若德（Roderick MacFarquhar）在哈佛大學2008年7月舉辦的學術討論會上，針對後毛澤東時代的政策實踐發表評論時所使用。

以應對突如其來的變化和不確定性。這套方法在新的政治領袖的手中，服務於不同的政策目標，結果大不相同。例如，戰爭年代鼓勵各根據地在中央政治權威框架下發揮積極性這一做法，就被毛的接班者用在經濟建設中，結果成效顯著。

雖說某些前共產黨執政的國家也曾提議進行大刀闊斧的改革，但與這些國家不同，列寧主義政黨自上而下的組織結構和指令性經濟沒有成為中國的負擔，相反中國駕輕就熟就很快適應了國內經濟改革和全球市場競爭的要求。產生如此顯著差異的一個主要原因即是中國樂於接受新知識和新方法，這一特質我們相信很大程度源自同樣的機制，即曾幫助中國共產黨在漫長的革命鬥爭中不斷取得勝利的那些機制。

從制度的角度來看，中國符合威權的共產主義黨國體制的標準定義。然而，中國龐大的、被官僚科層制分割得支離破碎的政治系統卻被活躍的政策過程賦予了活力，中國的政策過程中包含了大量自下而上的導入和互動機制，遠遠超過了其正式體制結構給人的印象，這種政策過程就是中國保持韌性和適應性的基礎。

政治韌性和適應性治理

何謂我們所談及的韌性和適應性呢？韌性（resilience）是指一個系統經受衝擊和干擾的同時「保持本質上相同的功能、結構、反饋以及自我認同」。[22] 而適應性（adaptability）則是指「一個系統內的行為主體」通過其有意和無意的行為和互動「增強韌性的能

22　本段中的定義摘自 Brian Walker et al., "A Handful of Heuristics and Some Propositions for Understanding Resilience in Social–Ecological Systems," *Ecology and Society*, Vol. 11, No. 1 (2006): pp. 2–3, 8–9.

力」。在此意義上，適應性的基礎乃是反應多樣性：即行為主體
通過反應、醞釀、準備、先發制人等各種行動和步驟，不斷地接
受各種內在和外來的挑戰並進行調整。這些有關韌性和適應性
的定義着眼於行為主體的能動性，把制度當成一個次要因素。
因為適應性依賴於人們隨時準備冒險進入陌生環境去行動、去嘗
試，以及學習研究不斷變化的外界環境，所以行動和認知過程是
關鍵。

　　歷史制度主義學者諾斯（Douglas North）把適應能力視為發展的
核心。他指出，無論是政治系統還是在經濟系統，那些能讓行為
主體嘗試不同方法的制度和規範，不管是正式還是非正式的都會促
進適應能力。突破發展瓶頸、化解突發危機以及把握新的機會，
這些都需要有廣泛可行的備選方案。[23] 塔雷伯則提出一種新的解
釋，他認為，制度創新能力的高低並不取決於其所處的系統特性
（如市場或計劃，民主制度或威權制度），而是取決於該系統能提供
多少「最大限度反複嘗試」的機會。無論在什麼樣的政治經濟體
中，反複嘗試都需要有一種開放的態度，允許隨時在制度、過程及
行為主體諸層面嘗試不同做法，以發現新穎的解決問題的方法。
在非民主國家中，如果統治者願意下放發展新知識的權力，也可能
出現反複嘗試新方法。[24] 發展理論學者羅德里克（Dani Rodrik）認
為，這種反複嘗試的機制乃是發現政策備選方案的關鍵所在。如
果將之與國情特色相融合並使其適應變化中的全球環境，這種機制

23　參閱 Douglass C. North, *Institutions, Institutional Change and Economic Performance* (New York: Cambridge University Press, 1990), pp. 80–81; *Understanding the Process of Economic Change* (Princeton, NJ: Princeton University Press, 2005), p. 154.

24　參閱 Nassim Nicholas Taleb, *The Black Swan: The Impact of the Highly Improbable* (London: Penguin, 2008), p. xxi; Sebastian Heilmann, "Maximum Tinkering under Uncertainty: Unorthodox Lessons from China," *Modern China*, Vol. 35, No. 4 (2009), pp. 450–462.

便有潛力推動經濟和社會向前發展。[25] 我們在下文將展示為何中國
獨特的政治環境有助於實現這種反複嘗試新方法的機制。

回溯式研究的潛在意義

為了解釋中國政體所具有的適應性，我們對中國共產黨在毛
澤東領導下所形成的歷史經驗和統治技巧，以及在毛的繼承者領
導下對這些傳統經驗的保留、發展和創新做了一番檢視。我們並
非簡單對比歷史與現實，而是關注毛時代所形成的具體治理機制
以及之後對這些機制的重鑄，力圖找出革命先例與當下實踐之間
的特殊關聯。這種研究方法與制度史研究約略相似，即我們考察
的乃是政策軌跡隨時間流逝的延續和變遷。但與制度史研究不
同，我們從分析當前中國政策場景的特徵入手，往回追溯它們曲
折的歷史源頭；我們不打算像制度史研究那樣還原所謂「路徑依
存」的制度演進過程，也不假設制度必然沿着先前的一些「關鍵時
刻」所設定之軌跡不間斷地往前發展，[26] 而是用回溯式研究方法探
討各種政策領域內的治理機制。

回溯式研究方法的一個優勢在於其開放的研究設計。相較於
預定論式的、預設結構的研究過程而言，回溯性研究更容易把新
出現的行為主體、利益或者意識形態融進研究之中。而且，我們
這種研究方法可以避免當前在中國研究中所普遍存在的預設目標

25　羅德里克把發展理解為一個大規模的自我發現的過程，詳見 Dani Rodrik, *One Economics, Many Recipes: Globalization, Institutions, and Economic Growth* (Princeton, NJ: Princeton University Press, 2007).

26　社會學對「路徑依賴」的批評，參閱 Wolfgang Streeck and Kathleen Thelen, "Introduction," in *Beyond Continuity: Institutional Change in Advanced Political Economies*, edited by Wolfgang Streeck and Kahtleen Thelen (Oxford: Oxford University Press, 2005), pp. 4–9.

傾向（如癡迷於尋找「真」的市場經濟或者「真」的民主制度在中國發展前景的徵兆），並為有可能出現的非常規機制、被忽視的行為主體、出乎意料的互動、以及毫無來由的干擾保留空間。我們不執著於我們熟稔的西方模型，也不把自己局限在過往的經驗，相反，我們將兼容並蓄，把中國的現代和當代歷史視為一個純粹的發現之旅。

通過這一開放式研究我們發現，當今中國乃混合了毛時代、後毛時代以及學習借鑒國外經驗所組成的各種治理機制。從毛時代的「社會主義建設」到後毛時代的「改革開放」，中國在「轉向」民主的未來時並不是簡單地拋棄它往日的革命歷史。毛之後的一系列繼承者都想方設法樹立一套適用威權統治的新做法，這套做法必須能應付各種挑戰，如各種嚴重的社會不公和不斷增長的地域貧富差異諸般問題。我們當然不是宣稱革命歷史的源頭將會提供我們需要或是我們渴望了解的關於中國政權韌性的所有答案，但我們堅信這一特殊視角會為目前盛行的研究方法提供重要的補充，甚至可能起到糾正作用。

制度可塑性和政策風格連貫性

過去一個世紀以來，中國政治的一個顯著特徵就是制度和政策常常變動。除了極少數的核心制度，如被諾頓和楊大力認定為中國政體支柱的共產黨幹部層級制度，罕有制度橫跨整個共和國歷史。[27] 黨組織、政府機關、司法機構時常重組，有時甚至頗為

27　關於中華人民共和國歷史上周期性大規模政府機構重組的詳細資料，參閱國家行政學院編著：《中華人民共和國政府機構五十年1949–1999》（北京：黨建讀物出版社，2000）。

劇烈。[28] 與機構改革相比，政策反複更是司空見慣。直到1992年中國領導人選定了「社會主義市場經濟」的路徑之後，這種情形才有所改善。

如果制度和政策在共產黨統治下如此不穩定，那我們從何處尋找持續性和指導性原則呢？當中國的官僚體系本身的「自動駕駛」程序在處理危機或執行政策時失靈，政治決策者如何應對這種狀況的呢？要回答這些問題就涉及到「政策風格」這個概念。「政策風格」屬公共管理學的一個重要概念，我們把它理解為「政府為完成政治任務所運用的一套指導方法」。[29]「政策風格」為研究當代中國的政治連貫性和政策變遷開啟了一扇啟示之窗。我們將揭示，中國的各項制度和政策雖然歷經無數變動，但共產黨的「政策風格」卻保持了驚人的穩定性，甚至橫跨了所謂的「毛時代」與「後毛時代」之間分水嶺。

我們借助「政策風格」，並非想把一個新的抽象的西方概念強加於中國，而是發現中國政府工作中常常提到「作風」這個詞（英語翻譯成work style）。「作風」是指在政治決策或行政過程中沿襲下來的常規和習慣，它們既沒有被正式制度化也沒有被反思總結過，但卻包含一整套解決問題時普遍使用的技巧。從這意義上說，作風與「政策風格」極為相似。[30] 這是一個非常罕見的西方

28　參閱 Harry Harding, *Organizing China: The Problem of Bureaucracy, 1949–1976* (Stanford, CA: Stanford University Press, 1981).

29　參閱 Jeremy Richardson, Gunnel Gustafsson, and Grant Jordan, "The Concept of Policy Style," in *Policy Styles in Western Europe*, edited by Jeremy Richardson (London: Allen and Unwin, 1982), p. 13; Michael Howlett and M. Ramesh, *Studying Public Policy* (New York: Oxford University Press, 1995), pp. 228–233.

30　中國經濟官員在與作者訪談中，把「作風」解釋為與西方或蘇聯觀念不同的政府行為，這些行為源於歷史沿襲下來的政府工作流程之中。在歐洲，一個國家或部門的「行政風格」對政策執行的影響已經成為政治學深入研究和激烈爭論的課題。參閱 Christoph Knill, "European Policies: The Impact of National Administrative Traditions," *Journal of Public Policy*, Vol. 18, No.1 (1998), pp. 1–28.

概念與中國實踐相重疊的例子。

　　政策研究曾經是中國政治研究的支柱，但近年來被「公民社會」、「社會運動」、「權利意識」以及其他隨市場經濟發展而興起的新現象的研究所淹沒。與難以接觸到的中國政治精英相比，這些新興現象的相關資料相對隨手可得，學術研究興趣轉移或許正肇因於此。很遺憾西方研究者失去對政策研究的興趣，政策過程是政策研究的一個重要內容，它將正式的層級制度、非正式的人際網絡、市場交易以及社會互動聯繫起來，無論對實證研究還是理論分析政策過程都是一個重要的機制。政策過程研究不光對解釋中國的政治互動模式和規則制訂過程起重要作用，而且對解釋中國的市場經濟和社會變遷趨勢也不可或缺，畢竟在中國無論是經濟還是社會都脫離不了國家的干預。

游擊式政策風格

　　以往的研究常把中國歷史上制度和政策的多變歸因於最高領導者飄忽不定的行為或彼此之間的分歧。[31] 但我們認為，這種行為模式是在游擊戰和革命動員中逐漸形成的。因為要在艱難環境中謀求生存，戰勝種種幾乎不能克服的困難，這些經歷使毛澤東與其戰友們推崇靈活性甚於穩定性。

　　中共領導人認為「游擊風格」中，政策主體的能動性以及制定和執行政策的獨特方法能夠在變幻莫測的戰爭環境中保證奪取勝

31　參閱 Roderick MacFarquhar, *The Origins of the Cultural Revolution,* 3 volumes (New York: Columbia University Press, 1974, 1983, 1997); Frederick C. Teiwes, *Leadership, Legitimacy, and Conflict in China: From a Charismatic Mao to the Politics of Succession* (Armonk, NY: M.E. Sharpe, 1984); Parris H. Chang, *Power and Policy in China* (University Park: Pennsylvania State University Press, 1975); Jürgen Domes, *The Internal Politics of China, 1949–1972* (New York: Praeger, 1973).

利。[32] 戰爭年代結束後，這種政策風格被傳承下來，並在「建設社會主義」、「不斷革命」(毛時代) 和「四個現代化」、「改革開放」、「社會主義市場經濟」、「入世」(後毛時代) 等政策過程中，發展出一套靈活多變的工具，用以駕馭政府治理轉型中的波瀾。這個被我們稱為「游擊式政策風格」影響至今，這使共產黨的統治既有靈活的一面，也有變幻不定的另一面。

不但毛澤東和鄧小平熟悉這種「游擊風格」，經歷過戰爭年代的那一代領導人 (包括胡耀邦) 都被它打上了的深刻烙印，他們一直到 1990 年代初還主導着中國政治。革命早期共產黨力量微弱且前途未卜，與其他的政治力量進行軍事對決中處於弱勢的地位，弱勢一方想要奪取勝利就必需隱秘、善變、迅速和出奇制勝。奪取政權之後，共產黨成了主導的執政黨，但仍保留了隨機應變的特色，因為毛澤東認為政治和戰爭本質相通，並在 1959 年明確指出：「戰爭是特殊形式的政治，是政治的繼續，政治也是一種戰爭」。[33]

中國游擊式政策風格的歷史傳統之前很少有西方學者關注。[34] 毛澤東曾在 1938 年發表的《抗日游擊戰爭的一般問題》一文中對游

---

32 從制度學角度對這一共識的討論，參閱 Kathleen Thelen, "How Institutions Evolve: Insights from Comparative Historical Analysis," in *Comparative Historical Analysis in the Social Sciences*, edited by James Mahoney and Dietrich Rueschemeyer (New York: Cambridge University Press, 2003), pp. 216–217；亦可參閱 Paul Pierson, *Politics in Time: History, Institutions, and Social Analysis* (Princeton, NJ: Princeton University Press, 2004), pp. 38–39.

33 參閱 Michel Oksenberg, "The Political Leader," in *Mao Tse-tung in the Scales of History: A Preliminary Assessment*, edited by Dick Wilson (Cambridge: Cambridge University Press, 1977), p. 78.

34 關於游擊戰術如何塑造了毛時代的政策及政策制定過程，最具啟發的研究有 Samuel B. Griffith (trans.), *Mao Tse-tung on Guerrilla War* (Champaign: University of Illinois Press, 2000; originally published in 1961); Oksenberg, "The Political Leader," pp. 70–116; MacFarquhar, *The Origins of the Cultural Revolution*, Volume 3, pp. 326–330.

擊戰術做出簡潔明瞭的定義，[35] 這個定義同樣適用於當代中國政策過程。除了眾所周知的統一領導和廣泛的群眾動員（即「群眾路線」）相結合之外，政策過程的游擊風格還建立在下面的認知基礎之上：

- 永恆流動和持續變化是政治和權力的常態，即使是建立機構，也不能有效中止或疏導這種態勢；
- 因此政治決策也應該處於隨時可以變更的狀態，儘量避免強制性約束（如通過個人事先承諾或者簽訂法律契約），以便為政策修訂留有餘地；
- 決策是一個即興發揮和反覆調整的過程，「制定即過程」；[36]
- 重複的標準的操作步驟易為敵軍發現，因此應避免；
- 不相信理論和抽象的模型，新的工作方法應從具體的試點和實踐經驗中總結而來；
- 戰略性決策由高層領導作出，具體組織和執行則靠地方上積極主動地獨立完成；
- 主動利用政治力量之間和社會內部的矛盾製造有利機會，實現既定目標；[37]

35　關於中國共產黨游擊戰術極具啟發和最直接的來源是毛澤東所著的《抗日游擊戰爭的一般問題》（延安：解放社，1938）。文中強調了游擊戰術如何在不確定和威脅之下運用、中央命令的局限性以及地方實踐的自主性。這一著作（部分內容成為了 Griffith 研究中國游擊戰術的基礎）刻畫了共產黨對待戰爭和政治的主要方法，包括靈活的戰術、可塑的組織以及投機取巧。值得一提的是，上述著作以及其他戰時小冊子中記載的這些直白且不講原則的策略，在建國後的出版物中被淡化，甚至毛澤東選集都沒有收錄。1949年之前，革命戰爭中把非常規軍事和政治手段結合起來的重要經驗主要收錄在 Gene Z. Hanrahan (comp.), *Chinese Communist Guerrilla Tactics: A Source Book* (New York: Columbia University, 1952).

36　這是毛澤東1958年對「不斷革命」的描述。本部分摘自 Stuart Schram, "The Marxist," in *Mao Tse-tung in the Scales of History*, edited by Wilson, pp. 68–69.

37　參閱 Oksenberg, "The Political Leader," pp. 76–77.

- 毫不猶豫利用突如其來的機會，削弱甚至消滅對手；根據實際情況建立或中斷盟友關係；
- 儘量減少發動新戰役的風險，只有在對自己最有利的情況下才正面衝突。

這些游擊戰術中形成的政策風格從根本上適合專制獨裁、投機取巧和無情鬥爭。沒有問責制度的制約，游擊戰領導可以為了達到目的而不擇手段。但從適應性角度來看，這種風格將創造力最大化，只要決策者達到以下要求：

- 經常試探維持現狀的極限，抓住每一個可能的機會來改變現狀以有利於自己；
- 牢記核心戰略性目標，同時盡可能靈活選擇和使用戰術；
- 不管是傳統的、非傳統的、或從國外借鑒的戰術和組織方式，只要可利用就反複嘗試直至滿意；
- 隨時隨地尋找和利用有利機會，以增強政治實力，實現戰略目標。

我們也可以把以上這些特徵理解為一種追求變化的「推動和攫取」（push and seize）風格，它與現代憲政和法治國家以穩定為目的的「預期和規管」（anticipate and regulate）的政策風格截然不同，後者試圖營造一種環境，在這種環境裏政治領袖可以事先預估其行為後果，並為此承擔責任。而前者則在一定程度上應合了「商場如戰場」這一論調，跨國企業家們在他們所著的關於市場競爭的最新作品中散佈的就是這種論調。[38]

38　例如 C. Kenneth Allard, *Business as War: Battling for Competitive Advantage* (Hoboken, NJ: John Wiley, 2004); Jack Welch, *Winning* (New York: Harper Business, 2005).

在這種游擊風格裏，政治問責讓位於靈活的領導，這一點從毛澤東所提倡的「政治掛帥」反映出來。理論上，下級要服從上級領導，但實際工作中，上級對下級的監管卻粗略不連貫，下級如果不嚴格執行上級指令，也不會受到相應懲處。我們發現毛澤東時代之後的基層政府官員普遍具有企業家精神，兼具實驗者和機會主義者的特點，在官場步步高升的同時他們也不忘物質追求。他們的所作所為符合游擊戰士的特徵，其本質更接近民粹主義，而非民主主義。

毛澤東將游擊戰術轉化成一種統治方式，是出於馬基雅維利式 (Machiavellian) 的算計。正如奧克森伯格 (Michel Oksenberg) 指出，「毛澤東的統治模式⋯⋯ (在於)⋯⋯努力地控制⋯⋯決策流程，通過掌控信息來源、人事任命和軍隊部署，⋯⋯為避免被行政機器所局限，⋯⋯毛澤東不得不運用非正式的手段 (如利用人際關係) 或反官僚機構的方法 (如運動形式) 來使那些正式機制遵照他本人的旨意運轉。」[39]

游擊風格不但與民主國家的制度規範如政治問責制、法律連貫性和程序穩定性等截然不同，實際上它與蘇維埃共產主義傳統所強調的正規官僚體制也相互矛盾。在毛時代，這種官僚體制與毛隨心所欲的個人風格曾發生過激烈衝突。[40] 雖然官僚科層制在後毛時代逐漸牢固，但周期性「整頓和重組」仍然是中國政治的特

39　Oksenberg, "The Political Leader," pp. 86–87.

40　關於官僚體制在中國政策制定中的作用，參閱 Kenneth Lieberthal and Michel Oksenberg, *Policy Making in China: Leaders, Structures, and Processes* (Princeton, NJ: Princeton University Press, 1988); Kenneth G. Lieberthal and David M. Lampton, *Bureaucracy, Politics and Decision Making in Post-Mao China* (Berkeley: University of California Press, 1992); David M. Lampton, *Policy Implementation in Post-Mao China* (Berkeley: University of California Press, 1987).

色。[41] 強制性的自上而下的政治干預和各種運動經常干擾或打斷官僚機關的日常工作，甚至導致機構重組。

除對政治問責和程序可預見性產生負面影響之外，游擊風格對中央和地方的互動關係及地區間分配也帶來困難。為了使中央領導層的靈活性最大化，減少其負擔 (和責任)，不同級別之間的任務分工不明，制度化程度也很低。結果是地方政府無法從中央得到穩定連貫的支持，常常只好自己想辦法。雖然這種狀況驅使地方政策不斷創新，獨立運作，但也導致了地區間差異擴大，以及「地方政府資金不足」等問題。[42]

若回溯比中共黨史更久遠的中國歷史，我們可以看到，游擊風格與中國傳統思想一脈相承。特別是中國傳統思想中強調以靈活的、辯證的、有計謀的手段來解決普遍存在的衝突和對立。[43] 中國古代經典《易經》把世界描述成陰陽輪轉不息，相反相成的景象。《孫子兵法》闡述的軍事法則也反映了相似觀念：「兵者，詭道也。故能而示之不能，用而示之不用，近而示之遠，遠而示之近。」(見《孫子兵法》始計第一)。江憶恩 (Alastair Iain Johnston) 把中國的謀略文化稱之為「戰備範式」(parabellum paradigm)，認為衝突是普遍現象，「絕對靈活性」在戰爭中是優勢。[44] 受這些強

41　國家行政學院編著：《中華人民共和國政府機構五十年》；汪玉凱等：《中國行政體制改革 30 年回顧與展望 1978–2008》(北京：人民出版社，2008)。

42　這一觀點是蔡曉莉 (Lily Tsai) 在哈佛大學 2008 年 7 月舉辦的學術討論會上的發言中提出的。

43　一些研究對傳統和當代中國戰略思想作了詳細說明，對作者很有啟發，參閱 François Jullien, *A Treatise on Efficacy: Between Western and Chinese Thinking* (Honolulu: University of Hawai'i Press, 2004); Ralph D. Sawyer, *The Essence of War: Leadership and Strategy from the Chinese Military Classics* (Boulder, CO: Westview Press, 2004).

44　參閱 Alastair Iain Johnston, *Cultural Realism: Strategic Culture and Grand Strategy in Chinese History* (Princeton, NJ: Princeton University Press, 1995).

大的文化和思想傳統的影響，中國領導者們似乎更傾向於一個與
西方民主政治家們不同的戰略觀。

結　論

　　無論從正面還是負面的角度來考察毛時代的傳統遺產，均可
以發現，游擊式政策風格對當代中國的政治實踐具有深遠影響。
當前中國在各個主要政策領域所運用的治理技巧都能在毛時代中
找到歷史根源。（詳見表1.1）

表1.1　起源於革命時期和毛澤東時期（1927–1976）的治理技巧

政治和行政領域	司法領域	社會領域	經濟領域
制度可變性；強大的非正式人際網絡；軟弱無力的官僚規章	司法是推行黨的政策的工具，並可以隨意變更	基層實踐和實地調研作為國家政策過程的導入機制	中央確立政策目標；地方發展政策工具
中央與地方提出政策建議不平等；政策形成以試驗為基礎	政策執行中，黨的指令大於法律	政策實施採用受國家操控的運動形式	政策執行過程由點到面、因地制宜
中央與地方互動的制度化程度低；禁止地方政府聯合	強調調解，不拘形式、從道德角度來解決糾紛	控制社會兩極分化；精心選擇目標和步驟展開政治打壓	通過試點來形成經濟政策
廣泛開展宣傳工作；積極製造輿論	司法民粹主義對應司法專業主義	酌情處理社會群體和社團組織	用幹部績效考核來完成「硬指標」（GDP增長）
政治運動；用群眾上訪來約束官僚惰性	試驗性規管和立法	用「典型」來引導和教育社會	把生產和投資戰役作為解決經濟瓶頸問題的暫時手段

　　雖然當代中國受毛時代的影響，但這並不是說游擊式政策風
格可以解釋一切現象，這個風格也非一成不變。這種政策風格對
政治問責制和法律體系產生了負面影響，中國共產黨也不可能靠

這種政策風格來處理未來轉型過程中所產生的各種政治和社會壓力。

改革開放以來，共產黨明顯削弱了對意識形態的控制和大規模群眾動員，這兩個方面恰恰是游擊風格的核心。鄭在浩 (Jae Ho Chung) 在研究中央和地方關係的歷史演變過程中發現，毛統治時期中央控制意識形態的效力之強，「以至在組織遭到破壞和政府職能中斷期間，依靠黨員的自我約束依然能有效地確保上下一致，對地方的不忠行為也能做到明察秋毫。」[45] 反過來看，群眾的狂熱或對意識形態的盲從也讓政府對群眾運動產生了依賴，大躍進和「文化大革命」期間甚至以之取代了官僚統治。毛身後的領導者卻認為，灌輸意識形態和群眾造反恰恰是毛時代中最不好的傳統，用這兩種方式雖然可以維護共產黨統治，但無法實現經濟現代化。正是基於這個認識，鄧小平宣佈不再發動群眾運動。如今日常決策和行政工作中已經不再用意識形態鼓動群眾，但大張旗鼓的宣傳並沒有銷聲匿跡。如藍夢林 (Patricia Thornton) 文中所指，現在的宣傳主要為了操控輿論，內容不再是動員群眾參與政治活動或號召個人奉獻，而是號召民眾順服和推動商業消費主義。[46]

在毛時代，游擊風格時常會與官僚依法制定和執行政策發生衝突，這類衝突直到今天依然存在。自 1980 年代以來，「規制型」治理 (regularizing governance) 一直是中國領導層所推動的一項核心工作。這期間，官僚體系和法律體系發展迅速，其規模和現代化程度大大超過毛澤東時代。但在特殊時刻或處理關鍵問題時，傳

45　參閱 Jae Ho Chung, "Central–Local Dynamics: Historical Continuities and Instituional Resilience," in *Mao's Invisible Hand: The Political Foundations of Adaptive Governance in China,* edited by Sebastian Heilmann and Elizabeth J. Perry (Harvard University Press, 2009), pp. 297–320.

46　參閱 Patricia M. Thornton, "Retrofitting the Steel Frame: From Mobilizing the Masses to Surveying the Public," in *Mao's Invisible Hand,* pp. 237–268.

統的和改進的游擊手段仍然發揮重大作用，從危機來臨時動員群眾、中央與地方相互促進經濟政策創新、到改革公共醫療體系，我們都能看到這個革命傳統的影響。無論好壞，它在政治上仍然具有巨大潛力，讓中國政府能夠積極主動應對變化的、複雜的、難以預測的外部環境。

我們在研究中並沒有發現成型的「中國模式」，我們理解的「模式」是必須由各種可以複製的變量構成的。在中國，我們更多地是看到了一種靈活的、從大環境和具體情況出發，強調主體能動性的慣用手法（modus operandi）。用這種手法制定和執行政策的前提是：接受無所不在的不確定性，願意嘗試和學習新事物（甚至包括向對手和外國學習），敏銳捕捉突如其來的機會，注重戰略目標，有意忽略負面效應，對不友好的對手毫不手軟。

鑒於政策制定和執行的游擊手法是經驗性的、不可重複的，故而難以將之歸納為「非正式制度」。[47] 制度學派認為，無論正式或是非正式的制度都是用明確的規範和規則使行動主體可以確定地預見彼此的行為，從而減少和限制不確定性。與此相反，游擊式決策風格背後卻是有意識地接納和利用不確定性，力求從這種不確定性中獲益。這行為抱着一種克服和消滅不利因素的決心，而不僅僅是受制於它們。

游擊式政策風格執著於能改變現狀和發揮政治主體能動性的政治議題，這實質上是一種改造型（transformative）的治理類型，這與那些自認為是先進和成熟的政體截然不同，後者強調鞏固現

47　我們認同羅斯坦(Bo Rothstein)的警告：「如果『制度』意味着一切，它則甚麼都不是」多變的政策過程應與持久的、有條理的制度安排區別對待。參閱 Bo Rothstein, "Political Institutions: An Overview," in *A New Handbook of Political Science*, edited by Robert E. Goodin and Hans-Dieter Klingemann (New York: Oxford University Press, 1996), pp. 145；對制度變遷假設是靜態的與線性的批判參閱 Kurt Weyland, "Toward a New Theory of Institutional Change," *World Politics*, Vol. 60, No. 2 (2008), pp. 281–314.

有體系和制度，趨向一種全力維護型 (protective) 治理類型。表1.2
將這兩種治理類型作為抽象的理論模型 (ideal type) 進行比較。

表1.2 改造型與維護型治理之比較

	改造型 (游擊式) 治理	維護型治理
政策目標	超越現狀	維護或逐步改進現狀
制度結構	不固定的制度安排	固定的制度安排
	行政層級間不斷改變事務分工	行政層級間的事務分工由憲法規定
政策過程	政治能動性導向 (「政治掛帥」；「推動和攫取」)	結構導向 (嚴格的制度制約；「預期和規治」)
	決策者有相當的自由裁量權	決策者受正式規章約束
	試驗主義	法條主義
	通過政策試驗積極處理不確定性	制定詳細的法律來限制不確定性
	儘量多公開隨機發現的新穎的政策方案	儘量少公開隨機發現的新穎的政策方案
適應能力	政策驅動 (臨時的，周期性的變動)	法律為基礎 (預先固定的)，市場驅動
	可以快速適應和「跨越」創新	漸進的「小步」的調整
政治問責	棄而不用，以便政策靈活性最大化	作為法治基礎而備受重視

　　有必要再次説明，游擊式政策風格並不是共產主義國家的共
同特色。與中國相反，蘇聯和東歐國家在斯大林時期結束之後，
便開始維護現狀，用漸進的方式「小步」作些改進。他們盡力鞏固
其統治，並沒有徹底改造的打算。改造社會是毛的指令。正是基
於這種不固定的制度安排，使中國的黨國體制為適應經濟改革所
做調整的過程中，遇到的新問題要遠遠少於前蘇聯和東歐共產主
義國家，儘管之前從赫魯曉夫到戈爾巴喬夫也曾嘗試過改革。[48]

48　參閱 Peter Rutland, *The Politics of Economic Stagnation in the Soviet Union: The Role of Local Party Organs in Economic Management* (Cambridge: Cambridge University Press, 1993).

　　中國和其他共產黨執政的國家之間存在如此顯著差異，但西方許多研究卻一直在用制度主義分析框架和政權分類的方法來分析中國，可見用錯了地方。共產黨在中國的統治表現出適應性的特色並不是因為其制度基礎（如前東歐共產主義黨國體制一樣，中國的制度結構既臃腫又分散），而是因為其政策風格，這種政策風格鼓勵靈活多樣地去應對不斷更新的發展任務以及不穩定的國內外環境。

　　試圖將中國的發展經驗硬套入傳統的制度範疇，困難之大可想而知，中國的政治體系受到一些特殊的政策機制所驅動，而這些機制目前無法歸類。我們嘗試把研究轉向這些反常的（非傳統的、甚至獨一無二的）和不斷變化的政策機制，正是這些機制推動了中國的政府、經濟、社會和國際關係等重要領域的發展變化。從更廣泛的意義來說，政策創新能力也是值得更進一步討論的議題，看看它如何促進發展中國家、新興國家和發達國家轉變的。[49]

　　對中國改造型的治理風格進行深入分析，不僅僅有助於解釋中國的特殊之處，更因為中國的治理模式對目前許多發達經濟體來說是一個潛在的挑戰，這些發達經濟體努力地要與21世紀加速變化的步調保持一致，卻陷入一個對現有制度強烈的偏好之中，[50]自我修正機制薄弱。中國非民主的政治體系所擁有的適應性能力為西方提供了另一種激進的可能性。許多西方社會科學家偏好現有的四平八穩的治理模式，認為資本主義的民主體制理所當然擁有政治穩定性和經濟優越性。21世紀要求提高政治靈敏度及加強

49　結構和主體能動性如何連結與平衡，在社會學對大規模社會變遷的研究中曾探討過這個問題，參閱 Ira Katznelson, "Periodization and Preferences: Reflections on Purposive Action in Comparative Historical Social Science," in *Comparative Historical Analysis in the Social Sciences*, edited by Mahoney and Rueschemeyer, pp. 270–301, especially p. 282.

50　關於這一爭論，參閱 Pierson, *Politics in Time*, pp. 30–31, 40–41.

民主體制韌性，這需要我們對20世紀所設想的民主體制優越性進行反思，並對那些非民主體制的競爭對手——比如中國——所表現出來的創新能力有清醒的認識。

我們再次強調，中國游擊式政策風格有一些根本缺陷，如政治問責制缺失、行政過度干預及分配不當導致嚴重的地區和社會群體之間的緊張關係，長遠來看，最嚴重的缺陷則在於片面追求實現戰略目標（如：經濟增長或人口控制），而忽略了這些追求所帶來的負面效應，特別是那些長時間才會顯現的後果（如：環境破環或性別失衡）。隨着中國社會對政治問責制、法律權利、社會保障網絡以及環境保護的呼聲日漸高漲，民眾對這種不民主的決策方式的容忍度可能會大大下降。對中國政府適應性能力產生嚴重考驗的可能是一些涉及廣泛的危機，這些危機將把經濟和社會的學習，政治和行政機構的反應能力以及群眾對政府的支持逼到極限。正如黎安友（Andrew J. Nathan）在最近著述中所提醒道：

> 避免政府危機轉化為政權危機，需要容許公開發表不同政見的文化、強有力的法治，以及為平息公眾不滿而撤換領導時不會引起體制變遷這樣的制度能力……若缺失了這些，威權政權必會常常像高空走鋼絲的雜技演員一樣，戰勝危機的同時又要表演完美。今天的……中國政權正竭盡全力地如此表演，但它斷無法承擔一旦失足跌落的後果。[51]

---

51 參閱 Andrew J. Nathan, "Authoritarian Impermanence," *Journal of Democracy*, Vol. 20, No. 3 (2009), p. 40.

第二章

從地方試驗到國家政策：
中國獨特政策過程的歷史起源*

　　為了解釋中國政府引發經濟改革中政策和制度創新以及適應瞬息萬變的經濟環境的能力，許多研究指出分散試驗起到關鍵作用。[1]中國的經濟轉型有一個特徵，即在政策制定過程中，中央的政策制定者鼓勵地方官員嘗試各種解決問題的辦法，之後將所取得的經驗反饋到國家起草的政策中。許多經濟政策的制定，比如解散農村集體經濟，對外開放貿易，促進私營經濟發展，改革國企和規制資本市場，試點方法都起了決定性的作用。在一些爭議較大的政策領域裏，如國企破產，經歷了20多年反反複複各有

---

* 本文初稿載於《當代中國史研究》，第17卷，第3期，2010年5月。本章恢復了被刪節的部分。

1 參閱Thomas G. Rawski, "Implications of China's Reform Experience," *The China Quarterly*, No. 144 (1995), pp. 1150–1173; Gérard Roland, T*ransition and Economics: Politics, Markets, and Firms* (Cambridge: The MIT Press, 2000), pp. 63–65; Justin Yifu Lin, Fang Cai, Zhou Li, *The China Miracle: Development Strategy and Economic Reform* (Hong Kong: The Chinese University Press, 2003), pp. 321–325; Sharun W. Mukand and Dani Rodrik, "In Search of the Holy Grail: Policy Convergence, Experimentation, and Economic Performance," *American Economic Review*, Vol. 95, No. 1 (2005), pp. 374–383.

側重的試點之後，才最終通過了《國企破產法》。那些努力變革經濟運行方式的政策制定者一次又一次以試點為手段，戰勝了企圖維持現狀的反對意見，維護了改革的主動權。

「由點到面」是一種成熟的方法論，在中國存在這種土生土長的方法論意味着分散試驗有其深厚的合法性，這種分散試驗遠遠超過了其他威權政體的零星試驗。中國「點到面」的方法是指從個別「試點」發起的政策過程，這些「試點」是由地方主導並在上級政策制定者的支持下展開實施。如果「試點」工作被證實對實現黨和政府領導人所設定的政策優先順序有利，上級領導就會從最初的試驗中總結提煉出「典型經驗」，之後通過密集的媒體報道、高規格的經驗交流會以及參觀互訪活動，將其推廣，並號召更多地區學習效仿。這個推廣過程也是進一步完善並研究出適合推廣的政策解決方案的過程。如果經過檢測的新方法得到國家最高政策制定者廣泛的認可，就會在進一步修改後吸收到國家政策中。由此可見，這種「點到面」的方法賦予了地方官員發展自己解決問題模式的空間，但確認、修訂、終止、以及推廣典型試驗的最終控制權卻始終掌握在最高層政策制定者手中。重要的是，中國採用政策試驗模式的目的在於探索新的政策工具，而不是用來設定政策目標，這一特權依然由黨所壟斷。[2]

政策試驗是政策和制度創新的一個關鍵機制，儘管目前關於這點鮮有爭議，但對中國採用的這種政策試驗方法的由來卻一直沒有明確的解釋。迄今為止的研究沒有說明中國的政策試驗的模式是如何形成，並成為一種固定產生新的政策選項的方法。在一

2　對後毛澤東時代各種政策試驗的模式，運作以及作用的系統分析，參閱 Sebastian Heilmann, "Policy Experimentation in China's Economic Rise," *Studies in Comparative International Development (SCID)*, Vol. 43, No. 1 (2008), pp. 1–26.

個威權國家裏進行分散改革，其中必然存在一種特別的機制使地方創新行為合法化，同時不觸及上級對下級的控制。因為中國的中央和地方互動關係有別於源自發達民主國家的解釋模型，如「聯邦制的實驗室」或「分權」，所以中國在分級制政策試驗中所使用的方法和術語在國際比較中顯得與眾不同，只有探究其歷史根源才有可能找出重要線索，解釋為什麼以及在什麼條件下地方政策試驗能夠被接受並承認為一種普遍的領導方法和政策制定方法。

　　本章第一部分，我將詳細說明中國共產黨在革命戰爭時期通過試驗發展轉型政策的特殊經驗。第二部分我將轉向試驗的文化背景以及民國時期非共產主義人士對政策試驗開創性的實踐。第三部分我將通過描述主要在戰爭年代中形成的政策過程的完整步驟，來說明中國當代政策制定過程的核心特點，政策制定者應該就是按照這些步驟找出推進經濟快速現代化的新政策工具。

以試驗為基礎的政策制定過程在革命戰爭時期的先例

　　歷史經驗對中國當代政策制定過程所起到的持續作用可以從中國共產黨開展政策試驗的方式中得到證實。如今的政策制定者雖然一直都在使用政策試驗的術語和方法，但他們通常卻並不了解其歷史根源。[3] 1978年後，中國改革開放的領導者極力主張「激進」(鄧小平) 或「謹慎」(陳雲) 的試驗，然而與試驗相關的術語和方法卻非他們的發明創造，其歷史淵源可以追溯到中共的革命戰爭時期。

3　作者就本研究所做的採訪顯示，一些在過去30年負責設計和監督「試點」工作的資深官員 (包括副部級幹部) 顯然沒有意識到改革時期政策試驗背後的歷史軌跡。相反，他們把試點方法的出現歸功於鄧小平對行政實用主義的追求。

1. 土地改革試驗 (1928–1943)

1949年以前，共產黨在革命根據地進行了一系列土改試驗，比如1928年毛澤東在井岡山，鄧子恢在閩西分別嘗試用不同的方法進行土改，由此形成了一套中央指導下的分散地方政策試驗的方法，同時這些試驗也為後來共產黨制定土地政策提供了最初經驗。中國史學家的近期研究以及參加早期土地革命的幹部回憶錄指出，最早應該是鄧子恢提出的「點到面」的政策試驗。具體做法是，在所建立的「典型村」基礎上先取得典型試驗，之後將其推廣，並在推廣過程中逐步充實完善政策。[4] 在閩西根據地，鄧子恢嘗試與基層群眾協商，吸取他們的的可行性建議，同時黨組織保留是否接受及推廣政策的決定權。通過這種由下而上的方式，鄧子恢制定出新的土改政策。到了1930年，閩西經驗通過黨的出版物廣為人知，並被毛澤東稱為中央蘇區執行土地政策「最值得各地效法的經驗」，[5] 從此在蘇區 (1931–1934) 普遍執行。此外，閩西土改方法還被寫入1943年2月在延安傳閱的正式報告中，[6] 當時正好在深入討論「點到面」方法論，最終這一方法被提升為共產黨正式的領導工作方法。儘管鄧子恢沒有創造「點到面」的術語。但是他堅持不懈進行由下至上的政策試驗，漸進推廣典型，不斷修訂政策工具的實踐，無疑影響了中共黨內對制定政策方法的爭論，尤其是對毛澤東產生了直接影響。

4　蔣伯英：《鄧子恢與中國農村變革》(福州：福建人民出版社，2004)，第44–64頁、210–225頁；李堅真：〈鄧子恢同志與土改實驗〉，《回憶鄧子恢》(北京：人民出版社，1996)，第233–238頁。

5　蘇輝明：《論〈溪南里土地〉》，《中國社會經濟史研究》，1986年第1期，第116頁。

6　張鼎丞：《中國共產黨創建閩西革命根據地》(北京：人民出版社，1982)；余伯流、凌步機：《中央蘇區史》(南昌：江西人民出版社，2001)，第246頁。

　　在中共江西蘇維埃政權期間（1931–1934），各根據地實施土
改的情況差別非常大。加之中央領導對農村開展革命活動的具體
做法意見不一而且也沒把握，於是只能接受各地實施的各種不同
的政策，同時鼓勵各級黨組織嘗試各種不同尋常的做法，創造不
同模式讓其他地區效仿。在這樣基礎之上，毛澤東撰寫了有關
「蘇區模範鄉」的調查報告，報告中用長篇幅詳細介紹了組織工作
的技巧及對其他地區的適用性。當時雖然開展了各種各樣的地方
典型試驗，但是推而廣之的卻只是零星的少數。1934年，江西蘇
區的一個縣憑藉在組織、教育和土地改革工作中取得的開創性成
就受到了毛澤東的表揚，並在1930年代後期和1940年代成為其
他試點地區的參考，該模式被稱為「模範興國」。毛澤東在江西期
間完善了試驗的組織方式，這一方式後來成為革命戰爭時期的工
作方法之一：即派遣由骨幹組成的工作組到挑選出來的各個地
方，在這些比較小的範圍內嘗試或示範土地改革措施；同時培訓
當地積極分子和潛在的新幹部；並把其他地方的群眾吸引到這個
示範點來；然後把示範點的幹部和積極分子派到鄰近的地區，推
廣經高層領導確認的有益於黨的方針政策的做法。一位當年土改
時期毛澤東的合作者回憶這種工作方法時，稱之為「試點」工作。[7]
然而江西蘇區時期還沒有使用過「試點」這一試驗術語，它應該是
1940年代才出現的。

　　抗日戰爭時期，中共在延安成立了新的黨中央，隨着日軍軍
事進攻加劇，許多分散於抗日後方的游擊根據地（大部分處於中
國北方）成為共產黨領導的農民運動的中心，以及各種群眾運動
和土改的試驗區。其中一個主要的革命試驗中心是位於山西和河

7　　東平：〈王觀瀾：關注「三農」第一人〉，《黨史縱橫》，2006年第9期，第15–20頁。

北交界處的太行山根據地，許多該地區的中共領導人日後成為改
革開放時期高層政策制定者。由於日軍的襲擊、地方軍閥閻錫山
以及國民黨軍隊的進犯這個地區一直處於軍事威脅和政治動盪
中。1939年秋，以1934年模範興國為榜樣，兩個直接向根據地黨
委匯報工作的試點縣被要求提供「典型示範」，以指導全地區引進
新的群眾動員方法和招募黨的積極分子。試點縣被要求嘗試一種
新的以民眾協商為基礎的「由下至上的工作作風」。不同黨支部之
間還進行了試點工作競賽。落後的黨支部被要求參觀和學習先進
黨支部。當地積極分子還被評為「試點的勞動模範」，為了加強共
產黨基層群眾的基礎，擬定為六個月的試驗時間再細分成每兩個
月為一階段，每個階段有明確的必須按時完成的工作目標。[8]鄧
小平曾經是太行山根據地的領導人，在他日後的政治生涯中，他
在太行山根據地所進行的試驗應該對他制定政策的工作方法產生
了巨大的影響。[9]

2. 將政策試驗提升為領導工作方法 (1943–1953)

　　1942年到1943年延安整風使革命領導人和革命戰略發生重大
變化。在這期間，分散政策試驗被確認為由「典型試驗」和「由點
到面」構成的統一的工作方法。1943年6月中共中央發表了官方
的工作指導方針，毛澤東在一篇歸納總結領導工作方法的文章中

8　有關兩個「實驗縣」的史料見山西省檔案館編：《太行黨史資料彙編第三卷，
　　1940.1–1940.12》(太原：山西人民出版社，1994)，第260–281頁、513–515頁；
　　以及《李雪峰回憶錄(上)：太行十年》(北京：中國黨史出版社，1998)，第105–
　　108頁。

9　這個論點是David Goodman提出來的，他指出「(鄧小平)太行時期實施的政策跟文
　　革後的經濟政策有着非常有意思的相似之處」，參閱David Goodman, *Deng Xiao-
　　ping and the Chinese Revolution: A Political Biography* (London: Routledge, 1994), pp. 41–45.

強調指出，對於黨的許多工作，領導幹部必須要「突破一點，取得經驗，然後利用這種經驗去指導其他單位」。[10] 在之後連續發表的關於領導方法的一系列講話中，毛澤東說得很清楚，這種工作方法不是為放任自由的反複試驗開脫，而是為了創造「典型經驗」以示範行之有效的新的方法，實現黨中央確定的政策目標。[11] 和他以實踐為基礎的認識論相一致，毛澤東認為，政策學習和政策創新的關鍵不是政策辯論，而是實踐的過程。[12] 1948年在給全黨的指示裏，毛澤東甚至稱讚幾個共產黨領導下的根據地所創造的「典型經驗」比「領導機關發布的決議案和指示文件，要生動豐富得多」，可以成為糾正黨內存在的「命令主義」傾向的一個手段。[13]

　　將設計行之有效的政策執行辦法的任務大部分交給地方是共產黨長期致力土改所取得的實踐經驗之一。為了嘗試不同的農業改革方法，基層黨組織被授予廣泛的自由裁量權，他們所採取的手段五花八門，從暴力鎮壓到安撫為主都嘗試過。甚至在解放戰爭勝利前夕，毛澤東還強調土改不能用全面動手的方法在短短幾個月內完成；相反，還是要在精心設計的由點到面的方法基礎之上，首先在選出的少數地點進行試驗，汲取經驗後再逐步以更廣更強的波浪式的運動推廣這些經驗。[14] 正如許慧文（Vivienne Shue）

10　毛澤東：〈關於領導方法若干問題〉，《毛澤東選集》第3卷（北京：人民出版社，1977年），第855頁。

11　毛澤東關於「典型」的講話見《毛澤東著作專題摘編》（北京：中央文獻出版社，2003），第238–239頁、325–326頁；另見毛澤東起草的政治局決議（1951年2月18日），刊登在《毛澤東選集》第5卷（北京：人民出版社，1977），第34–38頁。

12　毛澤東：〈政策和經驗的關係〉（1948年3月6日），《毛澤東選集》第5卷（北京：人民出版社，1993），第74頁。

13　毛澤東發表在1948年3月24日《人民日報》上的評論文章，這篇文章後來作為序被收錄在劉少奇編著的《土改整黨典型經驗》（香港：中國出版社，1948）。

14　毛澤東為中共中央起草的〈新解放區的土地改革要點〉（1948年2月15日），《毛澤東選集》第4卷（北京：人民出版社，1991），第1283–1284頁。

所説，在此期間，「點到面」的方法成為了「黨和政府以一種自覺試驗但又小心控制的方式，執行重要農業政策的一個常規手段」。[15]

　　這種以試驗為基礎的政策制定方法當時是形式所逼：當年共產黨沒有足夠訓練有素的農村幹部可以派遣到成千上萬的農村去，而且革命是在各個分散的根據地內展開，共產黨缺乏將其整合為一體的機構，也不具備執行統一政策的能力。許多實驗村和基層試點單位雖然由上一級黨組織指定、監督和宣傳，但是他們卻得不到上級部門相應的物質支持。因此試點單位只能自力更生，靠基層自己想辦法解決。黨中央並不缺少政治權威或決心意志，但由於財力和人力的匱乏，迫使中央不得不給地方各盡其能的發揮空間，甚至容忍某種程度上偏離黨的意識形態，只要他們能在各自的地區鞏固共產黨的勢力。

　　共產黨的政策試驗是由毛澤東概括總結並提升為廣泛適用的領導方法，但是具體的操作和術語則是由黨內其他領導人在各自的實踐基礎之上確定下來的。1951年黨對土地改革總結出六個工作步驟，其中第二到第六個步驟對當前中國的政策試驗仍至關重要，這六個步驟是：1) 培訓土改工作隊和動員幹部下鄉；2) 典型試驗；3) 重點突破；4) 由點到面；5) 點面結合；6) 穩步開展。[16]

　　到1950年代初，「典型試驗」、「試點」、「典型示範」、「由點到面 (以點帶面)」以及「點面結合」，成為描述中共執行政策工具的關鍵術語，直至今日官方還在廣泛使用。其中「試點」是改革開

15　參閱 Vivienne Shue, *Peasant China in Transition: The Dynamics of Development toward Socialism, 1949–1956* (Berkeley: University of California Press, 1980), pp. 69, 322–323.

16　根據周恩來在第一次全國政協會議上的講話，1951年11月3日的《人民日報》，第1版。

放以來流行最廣的術語。1950年初期，「試點」被視為「典型試驗」的同義詞，都是指從「通過某一個具體工作來取得經驗，以便指導一般」。[17]

在我早先發表的文章裏，曾把「試點」當成中共創造的新詞。[18]文章發表後，德國一位專門從事中蘇關係研究的專家庫福斯（Peter Kuhfus）指出，在1930年到1940年間，蘇聯進行的地方小規模試驗中偶而使用過「試點」（opytnyi punkt）一詞。[19]然而與中國一直到今天都將「試點」作為廣泛使用的官方術語不同，蘇聯在1940年代以後就不再使用這個詞語。[20]最重要的是，蘇共從來沒有使用過「由點到面」這個詞，而這一方法在毛澤東時代所進行的試驗中卻起到了關鍵作用。蘇聯在制定政策過程中，也不像中共那樣重視「試點」的作用。1960年代蘇聯考慮進行經濟改革的時候，即使是計劃和資源配置體制中最謹小慎微的地方試驗也會遭

17　王若水：〈群眾路線和認識論〉，1959年9月20日《人民日報》，第11版。

18　參閱 Sebastian Heilmann, "From Local Experiments to National Policy: The Origins of China's Distinctive Policy Process," *The China Journal*, No. 59 (2008), p. 11.

19　我和庫福斯仔細搜尋了中文和俄文的文獻，卻沒有找到明確的線索證明「試點」一詞是如何從蘇聯傳入中國的。從1946年到1953年《人民日報》電子資料庫搜索的結果來看，「試點」最早出現在東北，1949年到1950年《人民日報》有21篇文章使用了「試點」一詞，這些文章都是圍繞東北試點工作所作的報道。由此我們推斷，「試點」有可能是通過在東北工作的蘇聯專家帶到中國來的。直到1951年，周恩來在第一屆全國政協會議的講話中使用了「試點」一詞後，《人民日報》又有超過一千篇報道裏出現過「試點」一詞，內容涉及土改、教育和婚姻法等，可見「試點」在50年後才成為全中國流行的政治術語。相反，毛澤東只在他晚年的時候偶爾提到「試點」，最著名的一次是《對河北省委關於初步實現農業機械化設想批語》（1966年2月19日）（摘自《建國以來毛澤東文稿》第12卷，第12–14頁）。

20　六十年代蘇聯出版的有關社會試驗的重要論著中不包含「試點」一詞。從勃烈日涅夫時期開始，只有「試驗」（"ekonomicheskii eksperiment"、"eksperimentirovanie"）和「實驗／實證檢驗」（"opytnaia proverka"）成為官方政策試驗的標準用語，參見 Darell Lee Slider, "Social Experiments and Soviet Policy-Making," PhD diss., Yale University, 1981.

到來自官僚機構的頑固抵制，以及著名經濟學家的激烈批評，專家譴責試驗是對系統理論分析和全面規劃的一種倒退。[21] 然而必須指出的是，蘇聯中央集權的計劃官僚體制和僵硬的經濟指令是建立在繁瑣的法律法條和政令基礎之上，這顯然不適宜進行分散的非正規的試驗。相比之下，中國由於制度和法律環境不斷變化，反而給反複進行分散試驗留下較大的空間。

對於「試點」的好處，根據一份1953出版的幹部學習刊物的說法，「試點」可以減少執行不熟悉政策時的「盲目性」，提供幹部學習機會，通過先在小範圍內嘗試新的解決辦法克服舊習慣；試點還可以「教育廣大群眾」，通過參與地方試驗贏得群眾對新政策的支持；此外，在執行新政策時試點有助於「節省人力、物力和時間」。文章同時強調，做好「試點」工作一是取決於適當的時機和準備（倉促試點導致失敗）；二是挑選適宜的「典型」地區才能總結出可信的經驗指導其他地區的廣大群眾；三是試點所配備的幹部和積極分子能力要強；四是正確總結試點工作才能提取可以推廣的經驗。[22]

總之，「試點」和「點到面」的方法論是通過中共高層領導人一系列的言論確定下來的。1943年到1953年之間，這個方法在實際工作中又不斷得以補充完善和重新定義。儘管這個方法論誕生於中國特殊的革命戰爭年代，但它仍被1980年代經濟改革領導者視為中共最優良的革命傳統實事求是的「具體化」。[23] 鄧小平、陳雲

21　勒特蘭(Peter Rutland)認為，雖然在勃烈日涅夫統治時期地方試驗很普遍，但是卻從一開始就遭到官僚機構的阻撓和批評，所以試驗從來沒有真正展開過，因此對打破僵化的計劃經濟也沒有起任何作用。參閱 Peter Rutland, *The Politics of Economic Stagnation in the Soviet Union* (Cambridge: Cambridge University Press, 1993).

22　劉子久：〈論「試點」〉，《學習》，1953年第10期，第10–11頁。

23　楊洛：〈論試點方法的認識論意義〉，《哲學研究》，1984年第1期，第2頁。

和其他老一代黨的領導儘管對經濟改革的廣度、速度和方向有不
同看法，但是對1943到1953年所進行的大範圍試點卻都持肯定
態度，認為當年的成功經驗可以運用在國家現代化過程中，那些
靈活的降低風險的工作方法可以為政策創新提供寶貴的借鑒經
驗。這也是為什麼政策試驗的術語脫離了革命年代的背景後，仍
被用來服務中國的經濟改革。

非共產主義人士所開展的政策試驗對中國共產黨的啟發

孟旦（Donald Munro）曾經指出，就其分散性和非正式的特點
來看，「點到面」的工作方法「完全不同於蘇聯的社會主義樣板理
論」[24]。可見政策試驗是馬列主義理論的一個空白。馬克思、列寧
或斯大林既沒有討論也沒有提倡過通過試驗發展革命方法。[25] 在
列寧所有的選集中，只在一個非常特殊的背景下，提到過一次政
策試驗對尋找新的政策建議的必要性。[26] 斯大林則強烈敵視「自發
的」「盲目的」地方自主行為。[27] 在蘇聯，一種自上而下的命令主
義式的政策制定和政策執行方法代表了合法的革命戰略和政府管
理。因為革命就意味着把歷史規律變為現實，革命者在執行政策

24　參閱 Donald J. Munro, *The Concept of Man in Early China* (Michigan: University of
　　Michigan Press, 2001), pp. 149–150.

25　楊洛試圖在翻譯成中文的馬克思、恩格斯、列寧和斯大林經典著作中找出有關試
　　點的論述，結果卻無功而返，這些經典著作並沒直接指明試點是革命改造或政策
　　制定的手段。試點方法實際上是「毛澤東同志的一個創造」。參閱楊洛：〈論試點
　　方法的認識論意義〉，《哲學研究》，1984年第1期，第1–2頁。

26　據我所知，在翻譯成中文的列寧的著作中，列寧是在將資本主義經濟和專業技術
　　改造成為無產階級服務的背景下提到過試驗的方法。見《列寧全集》第27卷（北
　　京：人民出版社，1958），第386頁。

27　參閱 Robert Himmer, "The Transition from War Communism to the New Economic
　　Policy: An Analysis of Stalin's Views," *Russian Review*, Vol. 53, No. 4 (1994), pp. 515–529.

前就清楚其所作所為，所以不會產生分心去做試驗的念頭。

儘管如此，中國熱衷政治運動的知識分子和革命積極分子則把俄國革命理解為一個巨大的試驗。中國共產主義運動早期著名人物瞿秋白曾經把蘇聯描繪成一個「共產主義的實驗室」，在其中「布爾什維克的化學家」用「蘇維埃的玻璃試管」改造俄國人民，製造出新的「社會主義化合物」。[28] 蘇俄的新經濟政策引起中國共產黨人極大興趣，但是介紹新經濟政策的中文出版物中卻沒有提過試驗是蘇聯治理經濟的核心手段。事實上，蘇聯新經濟政策從來沒有被當成發展政策工具的開放式試驗。更確切地説，列寧把新經濟政策看作拯救蘇聯經濟所採取的應急措施和一種過渡性制度安排，一旦蘇共政權穩固後，便會通往「正確」的社會主義經濟。[29] 馬恩列經典著作中都沒有提出用試驗的方法進行革命，因此在改造中國的實踐中，中共採用了「點到面」的試驗方法就更加引人矚目。

在解釋中共的革命傳統和經驗時，史華慈（Benjamin Schwartz）及他之後的許多學者都指出，實際上是當時的特殊環境、社會力量以及中國革命的運作方式將一些超出常規的解決問題的方法強加在中共領導人身上，從而使中國偏離了標準的馬列主義和蘇聯模式。按照中國官方黨史的觀點，是誰創造發明了具有中國特色的政策試驗非常清楚：毛澤東首先提出了基本概念，之後其他領導人在實踐中發揮和發展了毛澤東的理論。然而這種解釋點到面方法的形成過程是不全面的，目前有充分的證據證明，在中國共產黨開展試驗之前，中國就已經存在着大量的社會和政府的

28　引自袁景禹：〈瞿秋白筆下的新經濟政策〉，《瀋陽教育學院學報》，2002年第4期，第8–10頁。

29　參閱 Maurice Dobb, *Soviet Economic Development Since 1917*, sixth edition (London: Routledge, 1966), pp. 144–148.

試驗。下面的研究將證實：可控的分散試驗對社會、政治和經濟進行改造不是中共的首創。與此相反，中共的試驗只是動盪的民國時期所進行的分佈廣泛的各種試驗中的一個部分。

1. 毛澤東試驗方法中的杜威烙印

　　眾多的學者論著都把杜威（John Dewey）實用主義哲學對中國1920年代政治的影響作為研究對象。杜威1919年到1920年間在中國幾個大城市和大學所作的講座影響了一代知識分子和社會活動家的思想，其中包括中共的創始人及毛澤東。杜威講座的一個核心內容是實驗方法，他稱實驗方法是現代科學的創新，是獲取科學知識最重要的方法。中國社會活動家熱衷引用杜威的話，如「試驗不是盲目的試錯，而是有的放矢指導下進行的……是通過有意識有觀念的行動獲取經驗。」杜威對比了傳統哲學和現代方法，指出「傳統哲學傾向脫離人類經驗這個冰冷嚴峻的事實」，而現代方法則強調人的觀點和理論必須經過實踐和實驗的檢驗：「沒有實踐就沒有真知。只有實踐才能修正我們的觀點，才能以系統的方式歸納整理我們所知道的事實，並發現新的事實。」[30]

　　杜威的中國追隨者將試驗表述為杜威改革社會方法的核心，並將杜威的實用主義哲學翻譯成「實驗主義」。[31]杜威思想在中國

30　分別引自 John Dewey, *Lectures in China, 1919–1920*, translated from the Chinese and edited by R. W. Clopton and T. C. Ou (Honolulu: University of Hawai'i Press, 1973), pp. 248, 58, 247.

31　胡適認為杜威自己更喜歡用「實驗主義」和「工具主義」代替「實用主義」來表述他的思想，所以把杜威的實用主義 (pragmatism) 哲學翻譯為實驗主義。見唐德剛：《胡適口述自傳》(桂林：廣西師範大學出版社，2005)，第112–113頁。另見顧紅亮：《杜威實用主義的誤讀》(上海：華東師範大學出版社，2000)，第105頁。

最著名的翻譯者和宣傳者是曾留學美國的學者胡適，他將杜威的方法論從西方價值規範的背景剝離出來，突出了工具主義者對實用主義哲學的片面解釋，這對中國實用主義哲學的辯論無疑是一種扭曲。胡適將杜威的「實驗主義」解釋為一種社會工程的方法論，這對中國廣大年輕知識分子，無論是受美國薰陶的改良主義者還是傾向於蘇聯的激進分子，都產生了強大的吸引力。依照余英時的看法，胡適「簡化」翻譯杜威的哲學對現代中國的政治思想產生了長遠的影響，其中包括了毛澤東一直強調的在實踐中學習，以及對「實踐是檢驗真理的唯一標準」的討論，這個討論曾經為中國的經濟改革開放作辯護。[32] 毛澤東自己則曾經說過五四早期的胡適是他的楷模。[33]

　　強調從直接的實際經驗中學習——杜威思想對毛澤東的認識論所造成的影響在許多學術著作中都有記載。馬爾庫斯 (Herbert Marcuse) 曾指出，毛澤東的《實踐論》裏面「杜威多過馬克思」。[34]《實踐論》中某些表達方式和論據跟杜威在中國的講座有明顯相似之處。[35] 近來的研究發現，毛澤東在1920年至少親自聽過一次杜威的講座，並閱讀和推薦過中文版的《杜威五大演講》一書，甚至在毛澤東當年所開的書店裏賣過這本書。[36] 在1958年的一個指示中，毛澤東模仿杜威1920年關於現代科學的格言「一切都從試驗

32　余英時：《現代危機與思想人物》(上海：三聯出版社，2005)，第160–165頁。

33　孫有中：〈從改良主義者到馬克思主義者〉，《探索》，2002年第2期，第7–9頁。

34　轉引 Stuart R. Schram, "Mao Studies: Retrospect and Prospect," *The China Quarterly*, No. 97 (1984), pp. 105–106.

35　參閱 Di Xu, *A Comparison of the Educational Ideas and Practices of John Dewey and Mao Zedong in China* (San Francisco: Mellen Research University Press, 1992), p. 73.

36　Di Xu 認為毛澤東參加過杜威1920年春在上海的演講 (見 Di Xu, p. 111)，李銳則聲稱毛澤東1920年10月在長沙出席過杜威的講座 (見孫有中，第7頁)。

下手」，[37] 提出「一切經過試驗」。[38]

和毛澤東一樣，中共大部分其他的創建人也都深深被杜威的認識論所吸引，特別是它所傳遞的知行合一的內容吸引了很多人：既獲得對這個世界的認識並用之改變世界，後一點可以通過周密的實驗實現。在中共早期的有關共產主義的中譯本裏，「試驗被同時當作哲學和社會科學的方法，超過了辨證唯物主義。」中共最早期的人物甚至曾經拒絕接受階級鬥爭的觀點而傾向杜威。[39] 杜威「對方法論、邏輯以及實用性的強調，對新文化運動的領導人有着不可抗拒的吸引力……而且對推動社會、民族和經濟改革非常實用。」[40]

2. 鄉村建設運動中的實驗區

「五四」期間，作為杜威1919到1920年間呼籲社會試驗及其弟子們積極努力實踐的成果，全中國各地建立起為數眾多的試驗區，主要集中在學校、農業、醫療和地方政府等領域。根據國民黨政府統計，1930年代中期，大概有600個近政府組織和非政府組織（多由國外基金會資助）在超過1,000個試驗區內嘗試對農村進行改革，這些試驗區分散遍佈全國。除去諸如學校、農藝站或

37　杜威：《杜威五大講演》(北京：晨報社，1920)，第125、137–138頁，轉引顧紅亮，第102頁。

38　該口號原為「工作方法第13條……放手發動群眾，一切經過試驗」，出自毛澤東1958年起草的〈工作方法六十條〉，《建國以來毛澤東文稿》第七卷 (1958年) (北京：中央文獻出版社，1992)，第45–65頁。

39　引自 Chow Tse-tsung, *The May Fourth Movement* (Cambridge: Harvard University Press, 1960), p. 176；孫有中在他的文章中指出毛澤東到1920年之前是杜威式的改良分子，1921年以後才成為一個堅定激進分子，見孫有中，第7–9頁。

40　參閱 John Dewey, "Introduction by the Editors," in *Lectures in China, 1919–1920* (Honolulu: University of Hawai'i Press, 1973), p. 13.

衛生所這類小型試點，在1937年前有大約20個大規模試點縣得
到了國民政府的正式承認，但這些試點非常短命並且不成功。[41]
因此，在日本侵華戰爭之前，社會試驗已經成為中國政治活動家
們積極參與的一項熱門活動。

　　由非政府組織資助的美國農業改良者是將試驗的想法和實踐
介紹給中國政府的先驅。美國在每個州建立農業實驗站這套體系
被移植到中國的省一級單位。[42]儘管美國顧問嚴重懷疑中國實驗
站是否真的採用了農業新方法和新品種，[43]但是每個省設置一個
實驗單位的方法卻被1930年代中國鄉村試驗所採用。此外，中國
的試驗術語「試行推廣」是1910年到1920年由農業試驗人員在普
及科技和組織創新時引進的。[44]

　　民國時期最著名的社會試驗是平民教育和鄉村建設運動，它
們是非共產主義人士在農村改革中實踐點到面方法的先例，並且
取得了廣泛影響。早在1925年6月，美國耶魯大學畢業生、平民
教育運動的創始人晏陽初就提出了點到面的基本原理，晏陽初曾
在他的書中寫道：

> 「平民教育運動的總體規劃是在華北，華南，華東，華西
> 和華中各選擇一到兩個典型的農村地區，開展深入和廣泛
> 的實驗……並把這些地區建設成為教育示範區和全面改善

41　劉海燕：〈30年代國民政府推行縣政建設原因探析〉，《民國檔案》，2001年第1
　　期，第80頁。

42　美國的這套組織體系是在德國組織農業研究工作的啟發下建立起來的，之後蘇聯
　　實驗站也將德國視為樣板，這是一次真正的世界性的普及制度創新。參閱Mark
　　R. Finlay, "The German Agricultural Experimental Stations and the Beginnings of
　　American Agricultural Research," *Agricultural History*, Vol. 62, No. 2 (1988), pp. 41–50.

43　美國顧問的質疑見Randall E. Stross, *The Stubborn Earth: American Agriculturalists on
　　Chinese Soil, 1898–1937* (Berkeley: University of California Press, 1986), pp. 123–124, 145, 185.

44　這個詞比如曾經出現在1924年5月出版的國家刊物《農學》上，參閱前注釋Stross,
　　The Stubborn Earth, p. 258.

社會和經濟示範區，從而可以對其他地區起到示範和培訓中心的作用。在一個在挑選出來的地區深入進行這類實驗的同時，整個平民教育運動還力求將其計劃儘快推廣到更多鄉村。」[45]

　　早在1920年代後期，平民教育運動和鄉村建設運動的領導人和其他非政府組織發起人就已經在中國農村使用「實驗鄉」和「實驗區」的詞彙了。[46]平民教育運動和鄉村建設運動所開展的實驗對中共產生了相當大的影響，但在官方黨史中卻沒有得到應有的承認。從平民教育運動早期，中共和平民教育運動負責人之間就有密切的私人來往。平民教育運動的創始人之一瞿菊農，是中共著名領導人瞿秋白的叔叔，也是晏陽初從1920年代到1940年代最親密的合作者。[47]更為重要的是，1930年代中共地下組織有系統地利用基層的平民教育運動和鄉村建設運動的協會作為自己的掩護。當時平民教育運動和鄉村建設運動成為農村改革的主角。1937年5月，劉少奇鼓勵在日本和國民黨控制區內的黨組織積極參加平民教育運動和鄉村建設運動。因此，許多中共黨員成為這兩個運動的積極分子，他們白天參與非共產黨人士領導的農村改良運動，晚上則和中共地下組織開會。[48]

45　參閱 James Y. C. Yen, *The Mass Education Movement in China* (Shanghai: The Commercial Press, 1925), pp. 17–18.

46　參閱 Guy S. Alitto, "Rural Reconstruction during the Nanking Decade: Confucian Collectivism in Shantung," *The China Quarterly*, No. 66 (1976), pp. 213–246.

47　譚重威:〈鄉村建設實驗家瞿菊農〉,《炎黃春秋》, 1998年第8期, 第36–39頁。

48　劉少奇:〈關於白區的黨與群眾工作〉(1937年5月),《劉少奇選集》第一卷 (北京:人民出版社, 1981), 第61–64頁。關於中共在平民教育運動中的活動以及中共領導人與非政府組織領導人之間的往來, 參閱支雄偉:〈張寒暉在定州的歲月〉,《黨史博采》, 2002年第12期, 第42–43頁;〈紀念孫富元先生〉,《人民日報》, 1987年9月18日, 第8頁; 李國忠:〈蘇維埃運動、鄉村建設運動與中國農村的社會變遷比較〉,《贛南師範學院學報》, 2002年第5期, 第30頁。

在高層領導方面，平民教育運動和鄉村建設運動的領導人幾次到延安與毛澤東進行政治交流。1938年毛澤東在會見一個平民教育會代表團時，稱其為中共的「朋友」，同時表達了對他們事業的謝意。[49] 同樣在這一年，毛澤東與鄉村建設運動的領導人梁漱溟連續幾天長談，顯示了對梁漱溟的高度重視。[50] 幾位共產黨的代表還參觀了定縣實驗區，了解那裏發起的社會改造方案，可見毛澤東對平民教育運動和鄉村建設運動的基本想法和所開展的各種社會實驗都瞭如指掌。在爭取群眾支持的方面，中共領導人借鑒了這兩個運動在改組農業生產、教育和衛生保健方面所取得成果，某些方面看來還直接複製了定縣實驗首創的社會改良方案。[51] 在利用新政策、招募積極分子以及解決農民最迫切的需要方面，中共顯然從很多黨外的實驗者身上學到不少東西。[52]

引人注目的是，不僅是共產黨受到平民教育運動和鄉村建設運動試驗區的啟發，國民黨政府在1932年到1937年之時也努力嘗試了一些農村治理的新方式。許多國民黨幹部和政府官員參觀和視察了由平民教育運動和鄉村建設運動所管理的實驗區，這是

---

49 參閱前注釋李國忠：《蘇維埃運動》，第28–32頁。

50 有關毛澤東和梁漱溟在延安的談話見Guy S. Alitto, *The Last Confucian: Liang Shuming and the Chinese Dilemma of Modernity* (Berkeley: University of California Press, 1986), pp. 283–292.

51 參閱 Charles W. Hayford, *To the People: James Yen and Village China* (New York: Co-lumbia University Press, 1990), pp. 202–203, 213, 222–223. 建國後，共產黨就與平民教育運動、鄉村建設運動以及其他早期的改良運動拉開了距離，否認接受來自他們的任何影響。1980年代開始，有關晏陽初和梁漱溟進行農村改革的文章才重新被中共媒體正式承認，參見〈梁漱溟走完百年人生旅程〉，《人民日報》，1988年7月8日。

52 基廷 (Pauline B. Keating) 認為，許多中共根據地所進行的農村改革，特別是合作社運動，所借鑒的模式最早是由改良派（包括國民黨）發起並由西方傳教士或慈善組織所資助的。參閱 Pauline B. Keating, *Two Revolutions: Village Reconstruction and the Co-operative Movement in Northern Shaanxi, 1934–1945* (Stanford: Stanford University Press, 1997), p. 189.

當時為探索中國農村地區新的組織模式而進行的政策觀光。[53] 儘
管國民黨所領導的重建縣政運動受到各方質疑，但國民黨創立的
兩個實驗縣——江蘇江寧和浙江蘭溪（國民黨總共在11個省20個
縣建立過實驗縣）以高層領導為後台，由掌權的縣領導着重推行
了行政、教育、福利和治安的改革試驗。[54] 這兩個由政府上層發
起的農村改革被認為提供了很多有用的經驗。但由於這些實驗依
賴國家的大量補貼，日本侵華戰爭開始後不得不中止，以致它們
無法給其他地區提供榜樣。[55]

3. 民國時期廣泛試驗的啟示

　　從民國時期廣泛試驗這個角度來看，共產黨人只是加入了
「五四」運動以來形成的試驗洪流。從共產黨的角度來看，杜威的
弟子、自由主義的改良派和非政府組織所進行的試驗之所以失
敗，是因為他們忽略了政權問題，並試圖在一個敵對的政治環境
中有所作為。[56] 這些改良主義者從未能擁有權力將局部的實驗計
劃轉化為在更大行政區內普遍執行的方案。即使個別由非共產主
義人士發起的試驗似乎發揮了作用並獲得普遍認可，但這些試驗
仍然是零星的、小範圍之內的。由於改良主義者不掌握政權，因
而未能將試驗區內形成的新政策工具系統地推廣開來。

53　王先明、李偉中：〈20世紀30年代的縣政建設運動與鄉村社會變遷〉，《史學月
　　刊》，2003年第4期，第90–104頁。

54　劉海燕：〈30年代國民政府推行縣政建設原因探析〉，《民國檔案》，2001年第1
　　期，第77–78頁。

55　賈世建：〈淺析南京國民政府的縣政實驗〉，《天中學刊》，第18卷第1期，2003年
　　2月，第84–87頁。

56　對杜威改革試驗在中國為什麼失敗的精闢分析，見Barry Keenan, *The Dewey
　　Experiment in China: Educational Reform and Political Power in the Early Republic*
　　(Cambridge: Harvard University Press, 1977).

1949年共產黨贏得了國家政權，借此將試點方法推廣到他們所控制的整個地區，從而獲得了1930年代改良主義者從未享有的重要能力。共產黨領導人很清楚，如果整個試驗過程失去控制，試驗就毫無意義。雖然共產黨異乎常規的試驗術語以及個別有關土地改革、農民教育、醫療保健的政策，可能吸收了一些非共產黨人士的經驗，但是由派下去的工作組控制由點到面的試驗方法，比如發動群眾、開批鬥會以及波浪式向鄰近地區擴展，這些方法則完全是毛澤東及其追隨者的發明創造。

在共產黨的觀念裏，試驗是為了發現新的政策工具，並不是為了確立政策目標，後者是專屬黨的領導階層的任務。一份出自1940年代關於太行山根據地一個實驗縣（當時由鄧小平擔任領導）的內部報告就明確指出「並非為實驗而創造實驗縣」，而是為了成為一個榜樣，創造和展示成功的領導方法和政策。[57] 負責模型試驗的幹部可以嘗試用不同的辦法和手段去實現共產黨領導層制定的目標，但是他們無權自己更改政策目標，而上級黨組織則可以在任何時候終止、縮短或修正他們的試驗過程。

毛澤東時代的革命方法和後毛澤東時期的改革

如果認真對待中共領導人所取得的歷史經驗和他們的統治方法，我們就能清楚地知道，後毛澤東時代不同地方同時試驗不同政策不是偶然的。在1970年代後期探索推進經濟現代化的新政策方法時，中國老一代領導人分享了他們對試點工作方法的認識和評價，重新制定了黨的任務（從實現共產主義到實現經濟增長），

57　山西省檔案館編：《太行黨史資料彙編第三卷》，第260–262頁。

恢復使用1946–1953年間的工作方法。在他們看來，這一時期是中共歷史上最成功最耀眼的大規模體制變遷和經濟政策改革的時期。

儘管對改革速度和規模的看法不同，鄧小平和陳雲在提倡運用「點到面」的方法實現經濟現代化方面卻高度一致，從1978年到1982年間，鄧小平一再把改革和開放描述為「大規模的試驗」，不能照搬課本知識，而需要有力的「實踐中的試驗」。[58] 陳雲則宣揚用「試點」方法進行謹慎的可控制的政策創新。[59] 與鄧小平不同，陳雲對引進經濟特區持懷疑態度，而鄧小平則以試驗為由來為此辯護，並提出根據地時期也有類似的先例。[60]

在1981年關於黨的歷史問題決議中，後毛澤東時代的領導人確認了毛澤東某些工作方法必須長期堅持的。按照毛澤東1943年發表的《關於黨的領導工作方法》，「點到面」的方法被解釋成「個別指導和一般號召相結合」。[61] 1980年代和1990年代，個別中共理論家努力想證實政策試驗是中國對馬克思主義理論的貢獻，提出「只有經過社會試驗，才能建立科學的社會主義觀」。[62] 其他人則將試點定義為「社會科學的實驗室」和一個行之有效的科學方法，是獲取知識和執行政策過程的有機結合。[63] 1992年，試驗的重要

58　鄧小平對試驗的重要講話，見《鄧小平文選1975–1982》(北京：人民出版社，1983)，第140頁；《鄧小平文選》第3卷 (北京：人民出版社，1993)，第78、130、373頁。

59　陳雲在中華人民共和國成立前就擔任東北經濟工作負責人，那時他就強調謹慎試驗的重要性。陳雲關於制定經濟政策過程的試驗的主張，見王家雲：〈陳雲經濟政策的四大原則〉，《淮陰師範學院報》，1998年第3期，第33頁。

60　李志寧：《中華人民共和國經濟大事典1949.10–1987.1》(長春：吉林人民出版社，1987)，第453頁。

61　中共中央文獻研究室：《關於建國以來黨的若干歷史問題的決議注釋本》(北京：人民出版社，1983)，第57頁。

62　雷美田：〈建立馬克思主義社會試驗的新觀點〉，《南京政治學院學報》，1994年第6期，第38–41頁。

63　楊洛：〈論試點方法的認識論意義〉，《哲學研究》，1984年第1期，第3、5頁。

性甚至被寫進了中共黨章，規定全黨「必須大膽試驗…總結新經驗，解決新問題，在實踐中豐富和發展馬克思主義」。[64]

從「典型試驗」和「由點到面」在政策形成和執行過程中的主要作用來看，毛澤東時代和鄧小平時代之間並沒有發生系統轉變。儘管政策試驗的方法在個別重要步驟上有所區別（如外派工作組的任務，地方幹部和立法過程），但是從十二個典型步驟中的九個可以觀察到以試驗為基礎的政策形成過程的大體連貫性。（見表2.1）

表2.1 比較毛澤東和鄧小平時代的「典型試驗」方法

		毛澤東的發動群眾方法 1943–1976 年	鄧小平的行政方法 1979年至今
建立「典型試驗」的步驟	1	對不同的地區進行全面詳細的調查研究	
	2	挑選一個有利於成功試驗的地點	
	3	派遣幹部工作組	依靠當地幹部
	4	培養當地新的積極分子和幹部	
	5	定期向上級黨組織匯報工作	
推進「由點到面」的步驟	6	上級機關下派調查組	
	7	批准／修改／中止地方典型試驗	
	8	將工作組的原班人馬和地方積極分子分派到周邊地區	沒有工作組
	9	將地方試點領導提拔到省或國家級領導崗位	
	10	發動學典型戰役和互訪計劃	
	11	通過講話和發公文傳播典型經驗	
	12	1957到1978年間很少頒布正式法規	頒布國家規章／法律

64　《中國共產黨章程 (英漢對照)》(北京：外文出版社，2003)，第26–27頁；1992年將試驗條款加入黨章的簡評，見《中國共產黨歷次黨章匯編 (1921–2002)》(北京：中國方正出版社，2006)，第389頁。文革後第一部黨章 (1982) 沒有提到試驗方法，之前的黨章也沒有提過。

　　由於吸取了過去失誤的教訓，後毛澤東時代的領導人徹底地放棄了意識形態的狂熱和單一的學樣板模式；取而代之的是承認地域性差異，推動地方試驗和模式多樣化。政策制定者中的改革派急於利用地方上的制度和政策創新來支撐自己的政治立場，牽制競爭對手，他們成為「典型試驗」的支持者和保護人，特別是那些可以證明他們所偏好的政策成功和優越的試驗。如果試驗的支持者認為試驗出了錯，試驗就會被逐步淘汰，不再受到關注，無聲無息便不了了之。[65] 在筆者的採訪中，負責試點工作的中國官員一致聲稱，失敗的試驗一般都不會以正式行政命令或文件的形式明確宣告終止。相反，官員通常揣摩上面發出的微妙信號，然後心照不宣地結束上級不再關注或支持的項目。只有個別失敗的例子會在腐敗案件調查過程中被曝光，從而進入公眾視線，然而這些案件一般不會牽連上層政策制定者，只會將失敗的根源歸結於地方行為不當。

　　顯然，從設定政策目標到選擇試點和確認可以推而廣之的政策選項，「由點到面」的每一個階段通常都不平靜，這個過程受利益衝突、觀念摩擦、人事競爭、機會主義或一時妥協所驅動。對於想要改變經濟運行方式的政策制定者來說，政策試驗被證明是一個很好的應對不確定性（即在一個瞬息萬變的經濟背景下，無法預測某項改革的確切效果）和不明確性（政策制定者在思考政策優先順序時的猶豫、茫然甚至困惑）的途徑。在這種不穩定的背景下制定政策，「試點」方法有助於釋放普遍存在的開拓精神，為經濟創新和擴張作貢獻。雖然這個過程也會製造出代價昂貴的冒牌和失敗的「典型」，但從國家政策制定者和大多數不受影響的行

65　一些地方行政改革試驗失敗的案例，可參閱傅小隨：《中國行政體制改革分析》（北京：國家行政學院出版社，1999），第153–168頁。

政區的角度來看，地方試驗失敗的成本明顯低於國家改革立法失敗的成本。更重要的是，試驗使地方積累的知識和解決問題的方法流動起來，這大大豐富了以往難以獲取的關於地方經濟運行和發展潛力的信息。[66]

結　論

在中國制定政策的方法中，「試點」和「由點到面」對中國政治體制的歸類具有重要意義。我們在中國發現的試驗治理模式是建立在等級分明的黨國體制之上，它既有別於去中心化的分權模式也不同於聯邦制模式，而西方一直以來都在用這兩種政權模式來解釋中國中央和地方在經濟改革中的互動關係。[67]本研究支持裴宜理（Elizabeth Perry）的主張，即「中國革命傳統中的某些因素實際上推動了市場經濟改革令人矚目的成功」。[68]從改革開放以後的政策試驗中也可以看到這一悖論，試驗一方面根植於毛澤東式的統治方法中，另一方面卻成為推動政策創新的關鍵。

中國經濟改革的一個關鍵優勢在於中央和地方在制定政策時獨特的互動過程，這個過程在中共內部享有根深蒂固的合法性，並能用來為後毛澤東時代轉換政策優先順序服務。有的研究把地

66　諾頓在研討會上的點評中強調了試驗對歸納信息的作用。從一角度來看，廣泛試驗對信息累積的優勢明顯超過了潛在的不同試點地區因試驗成本和收益不同所導致的公平。然而在試點的實踐中，對試驗失敗者的補償問題常常引發政治和法律衝突。

67　參閱 World Bank, *East Asia Decentralizes: Making Local Government Work* (Washington, DC: World Bank, 2005); Yongnian Zheng, *De facto Federalism in China: Reforms and Dynamics of Central-Local Relations* (Singapore: World Scientific, 2007).

68　參閱 Elizabeth J. Perry, "Studying Chinese Politics: Farewell to Revolution?," *The China Journal*, No. 57 (2007), p. 6.

方政策創新歸結為中央和地方之間的派系陰謀，這種說法不足以評價地方創新的廣度和重要性。因為地方創新會隨着時間的推移，對中央政策制定者在發展新的政策工具、調整政策框架以及改變政策優先次序方面起關鍵作用。此外，試驗的有效性並不是建立在全面分權和自發推廣政策創新的基礎之上，中國的以試驗為基礎的政策制定過程仍然需要中央領導層的權威來鼓勵和保護廣泛存在的地方積極性，總結提煉可推廣的經驗，同時限制這樣一種政策過程所必然出現的離心力。

理論上的二元論，如集權和分權，或憲政概念中的聯邦制，都含有一種由於上下權力制約和平衡所造成的穩定性，然而這在中國的政治體制中都不存在，這些理論也無法捕獲中國政策制定方法中搖擺不定的動態變化。分級制試驗才是理解中國制定政策過程的關鍵，這種試驗將分散試驗和中央隨時干預結合在一起，將地方經驗有選擇地吸收到國家政策中，這是一種不穩定但卻富有成效的組合。

過去30年裏中國威權主義為什麼具有出人意料的適應能力？與其專注靜態因素的分析（如改革初期的經濟結構或國家的執行能力），不如研究獨特的政策制定過程，這也許能提供一些更有說服力的解釋。那些分析靜態因素的研究忽略了政策過程這樣一種引發政策變遷的機制，或把政策試驗解釋成派系鬥爭的衍生品。通過地方試驗和典型示範把中央和地方積極性有機地結合在一起，這才是中國歷史上所形成的獨特政策過程。儘管有不計其數的戰略上、觀念上和利益上的衝突，政策制定者仍然能夠憑藉這樣一種機制打破政策僵局而有所作為。

第三章

中國經濟轉型中的政策試驗
和制度創新 *

感謝發展研究理論在過去20年中對制度演變所進行的研究，
讓我們現在能夠更好地理解不同制度配置對於經濟增長的影響。
然而，制度研究者們卻始終沒能回答一個關鍵性問題，即在一個
經濟體制裏，面對巨大的制度慣性和阻撓改革的勢力，在不引進
外國現成改革方案的情況下，如何推動制度演變的？[1] 以埃文思
（Peter Evans）和羅德里克為代表的批評勢力一直強調，在制度演變
過程中，對經濟增長的制度前提和國際上針對發展經濟和有效政
府治理而進行的「最佳實踐」，理解和研究有所不足。因此本章將
重點分析政策過程，因為這個過程有助於激發自下而上的主動

*　本文初稿題為〈中國經濟騰飛中的政策試驗〉，載於《開放時代》，2008年第5期。
　　收入本書時略有改動和更新。

1　參閱 Peter Evans, "Development as Institutional Change: The Pitfalls of Monocropping and
　　the Potentials of Deliberation," *Studies in Comparative International Development*, Vol. 38, No.
　　4 (2004), pp. 30–52; Peter Evans, "The Challenges of the 'Institutional Turn': Interdisciplinary
　　Opportunities in Development Theory," in *Sociology of Capitalist Institutions*, edited by V. Nee
　　and R. Swedberg (Princeton: Princeton University Press, 2005), pp. 90–116.

性，激勵行政、經濟和立法制度的創新試驗，並把切實可行的地方經驗注入國家政策中去。正如林伯隆 (Charles E. Lindblom) 指出，對政策制定真正的挑戰在於如何把創新「偷偷」融入通常被認為是缺乏吸引力，且反對力量較大的經濟制度中。[2]

本章將着力探討政策制定過程，研究即使是在一個刻板的威權政治環境中，缺乏強大政治競爭對手的情況下，政策制定過程如何帶來行政、立法和經濟制度的創新。本章的重點並不在於從功能的角度來預測何種制度應被建立，而在於研究制度是如何生存的。一些制度在初始階段雖然千瘡百孔，但仍被投入運行，在一個開放的創新過程中，這些制度可能被改造，或因經濟和社會發展被取代，最終決定制度生存演變的是因地制宜，而不是靠引進國外現成的方案。

中國在制度創新方面可以提供重要的經驗。埃文思一直強調「探索擴大制度改革策略」的必要性，[3] 在這方面，中國是所有新興工業國家中走得最快的，特別是在經濟領域。過去30年裏，面對大規模經濟轉型帶來的巨大挑戰，中國顯示出了極高的制度創新能力，同時避免了轉型過程中體制瓦解。諾斯認為，中國的制度結構擁有一種非同尋常的適應能力，這對中國的經濟轉型起到巨大的推動作用，儘管這個結構普遍存在不確定性，但它卻允許用不同的方式進行試驗，來克服長期存在的經濟發展障礙，並在應對新的挑戰的同時抓住開放帶來的機會。[4] 誰都沒有預料到這

2　參閱 Charles E. Lindblom, "Still Muddling, Not Yet Through," *Public Administration Review,* Vol. 39, No. 6 (1979), p. 521.

3　參閱 Peter Evans, "Development as Institutional Change: The Pitfalls of Monocropping and the Potentials of Deliberation," *Studies in Comparative International Development*, Vol. 38, No. 4 (2004), p. 30.

4　參閱 Douglass C. North, *Institutions, Institutional Change and Economic Performance* (Cambridge: Cambridge University Press, 1990), pp. 80–81; Douglass C. North, *Understanding the Process of Economic Change* (Princeton: Princeton University Press, 2005), p. 154.

樣的現象會出現在中國，因為在整個經濟改革的過程中，一黨執政的政治體制始終沒有改變，而這種體制在幾乎所有其他採用同樣政體的國家都被證明是呆板的，缺乏靈活性的。[5]

那麼該如何解釋中國現象？為什麼在中國會意外地出現這樣一個擁有強大適應能力的威權主義呢？我認為主要原因是中國擁有一種獨特的政策過程，即「分級制試驗」。儘管在中國政治議程中從不缺少宏偉的中央規劃和技術官僚們制定的現代化方案，但在制定國家政策之前，分級進行政策試驗在很多方面起到了有力的糾錯功效。

下文我將定義「分級制試驗」這一具有轉型性質的政策制定方式，揭示它與傳統政策過程的本質區別，並將指出它推動的不僅僅是漸進的制度變遷，而且可能帶來全新的制度轉型。接下來的部分將着重分析中國進行政策試驗所用的工具和試驗過程，之後通過案例分析，考察試驗在經濟改革幾個關鍵領域中的效果。在不同的經濟領域中，雖然試驗按同樣的步驟進行，但由於參與主體的構成不同，利益不同，以及為改革所承擔的風險不同，試驗呈現出大相徑庭的政治活力和創新結果。緊接着我就試驗過程引發的政策學習和權力尋租活動之間的關係，總結中國經驗所帶來的啟示。最後的結論將探討「分級制試驗」這種機制對其他國家經濟改革能起到什麼借鑒作用。

政策試驗作為獨特的治理模式

多位著名學者指出，作為一個有效機制，政策試驗可以幫助我們弄清楚究竟是什麼導致了行為變化，產生有利於創業、投資

5　參閱 Valerie Bunce, *Subversive Institutions: The Design and the Destruction of Socialism and the State* (New York: Cambridge University Press, 1999).

和經濟增長的制度創新。[6]儘管大家都強調試驗的重要性，但試驗仍是一個有歧義且含糊不清的概念。在所有的政治體制中，如果現行政策成本太高，政治風險太大，在政策有可能失敗的情況下，國家就會扭轉或重新定位這些政策。從廣義上來說，這兩種政策過程就是政策試驗。而狹義來說，政策試驗是指各試驗單位進行不同嘗試，找出完成任務的辦法，或克服新出現的挑戰。本章採用的正是這一狹義定義。政策試驗不同於隨意反複的試驗或自發的政策普及，它是一個目標明確、協調一致的行動，目的是為正式制定政策提供多項選擇，然後將選中的政策普及全國，甚至寫入國家法律。

用更專業的術語來說，做試驗的目的是「通過直接干預和組群對照來獲取制定政策的信息，而不是通過觀察研究或理論分析」。[7]在由政府發起的試點項目中，社會學家們對政策試驗的設計和評估往往只限於定義試驗標準和預先挑選試驗組群。試驗也僅僅局限於調整政策執行的技術細節（如測試地區新社會保險卡的適用性），很少涉及政策內容（如公共政策的範圍、重點或預算），這些觸及政策實質的問題需要經過反複協商，在這個過程中，決策者的政治權衡考量要大大重於外部的專家意見。[8]

6　參閱 Friedrich A. Hayek, *The Constitution of Liberty* (Chicago: University of Chicago Press 1978); Douglass C. North, *Institutions, Institutional Change and Economic Performance* (Cambridge: Cambridge University Press, 1990); Gérard Roland, *Transition and Economics: Politics, Markets, and Firms* (Cambridge, MA: The MIT Press, 2000); Sharun W. Mukand and Dani Rodrik, "In Search of the Holy Grail: Policy Convergence, Experimentation, and Economic Performance," *American Economic Review*, Vol. 95, No. 1 (2005), pp. 374–383.

7　參閱 Frederick Mosteller, "New Statistical Methods in Public Policy. Part I: Experimentation," *Journal of Contemporary Business*, No. 8 (1979), pp. 487, 496. Reprinted in Mosteller, Frederick, *Selected Papers of Frederick Mosteller*, edited by S. Fienberg and D. Hoaglin. (N.Y.: Springer, 2006), pp. 487–498.

8　參閱 Roger Jowell, *Trying It Out: The Role of "Pilots" in Policy-Making* (London: Government Chief Social Researcher's Office, 2003).

與上面這些定義相比，本章所探討的是具有轉型性質的政策試驗，其內涵更廣泛，目標更遠大，因為它要改造的對象是經濟行為、行政行為和國家制度。這種類型的試驗會開放全新的市場領域，建立新型法人組織，因而常常超出預定的試驗群體和試驗步驟，並把不同層面的決策者捲入其中。莫斯特勒 (Frederick Mosteller) 認為這類「重組試驗」是最難以實現的，因為它取決於一系列相互制約的因素，可能需要大量的時間和資源，容易激怒頑固的改革反對派，與此同時，還要隨時應對政府干預，以及試驗進行當中遊戲規則改變等情況。轉型性質的政策試驗在現實政治生活中常常以示範項目的形式出現，也就是說，它是在一個不斷變化着的、騷動的且有爭議的背景下進行的，這超出了嚴格的科學控制範圍。但即使在這種情況下，政策試驗還是為正式的政策施行，以及政策對社會、市場及行政官員們所造成的影響提供了一幅全景視圖。[9]

轉型性的政策試驗是一種獨特的治理機制，它與理論設定的政策過程步驟存在本質區別。被法學家、經濟學家和政治學家們廣泛認可的政策過程常規步驟是：政策分析、系統表述和制定法律，然後才是執行政策階段。但是本章所展示的以試驗為基礎的政策制定步驟卻相反：先在執行政策過程中進行政策創新，之後才起草正式的法律條文或規章。

乍看起來，政策試驗跟林伯隆所描述的持續有限的對比增量

9　參閱 Frederick Mosteller, "Experimentation and Innovation," *Bulletin of the International Statistical Institute*, Vol. 47 (1997), pp. 479–480. Reprinted in *Selected Papers of Frederick Mosteller*, edited by S. Fienberg and D. Hoaglin (N.Y.: Springer, 2006), pp. 473–485; Frederick Mosteller, "New Statistical Methods in Public Policy. Part I: Experimentation," *Journal of Contemporary Business*, Vol. 8 (1979), pp. 492–496. Reprinted in *Selected Papers of Frederick Mosteller*, edited by S. Fienberg and D. Hoaglin (N.Y.: Springer, 2006), pp. 487–498.

方法有共同之處。這個方法用在制定公共政策上，制定過程是摸索性的，隨機應變式的，並避免在開始階段做出激烈變革，以預防可能出現的政治對抗。[10] 但是本章卻通過分析證明，在一定條件下，政策試驗可以超越漸進改革者靠修補既定政策來推進改革的做法，最終導致全新政策工具的出台和體制轉型，在行動主體、利益、制度、意識形態和目標等方面帶來嶄新的變化。

中國在大範圍內持續進行的、鬆散制度化的「分級制試驗」可以被看作是經濟騰飛過程中一個至關重要的機制。一些研究中國政治經濟的學者指出，中國的政策試驗對推進制度創新和經濟增長起到了重要作用。[11] 然而，試驗的具體成因、實施的方法和步驟，以及試驗在重要經濟改革領域中取得的效果卻普遍缺乏研究。在公開發表的講話和作者就此研究進行的採訪中，中國的決策者和他們的智囊都傾向於把政策試驗的普及運用看作是改革倡導者積極推動的成果，它不是被看作生成新政策的「科學」機制，就是被認為是突破舊體制束縛的政策改革先鋒。在社會學領域，對於中國式的政策試驗存在三種解釋。第一種解釋是，政策試驗是特殊體制下的產物，它允許地區和部門進行漸進改革。[12] 第二

10　參閱 Charles E. Lindblom, "The Science of 'Muddling Through'," *Public Administration Review*, Vol. 19, No. 2 (1959), pp. 79–88; Charles E. Lindblom, "Still Muddling, Not Yet Through," *Public Administration Review*, Vol. 39, No. 6 (1979), pp. 517–526.

11　參閱 Thomas G. Rawski, "Implications of China's Reform Experience," *The China Quarterly*, Vol. 144 (1995), pp. 1150–1173; Yuanzheng Cao, Yingyi Qian and Barry Weingast, "From Federalism, Chinese Style to Privatization, Chinese Style," *Economics of Transition,* Vol. 7, No. 1(1999), pp. 103–131; Gérard Roland, *Transition and Economics: Politics, Mar-kets, and Firms* (Cambridge: The MIT Press, 2000); Yingyi Qian, "How Reform Worked in China," in *In Search of Prosperity: Analytic Narratives on Economic Growth*, edited by Daniel Rodrik (Princeton: Princeton University Press, 2003), pp. 297–333.

12　參閱 Gérard Roland, *Transition and Economics: Politics, Markets, and Firms* (Cambridge: The MIT Press, 2000).

種解釋是，行政分權和爭奪管轄權的結果。[13] 第三種解釋是：政
策試驗是改革派為了擴大改革的政治基礎，避免意識形態爭論、
杜絕派系鬥爭而做出的次優選擇。[14]

　　上面這些解釋分別重點突出了中國經濟改革的某個方面。透
過整個政策過程這一更為廣闊的視角，我們看到，要把中國式政
策試驗的核心步驟加入現有的、標準的中央—地方互動以及政策
執行模式中去並不容易，因為這些模式大都建立在民主聯邦制國
家自己的經驗基礎上，在這些民主聯邦制國家裏，中央和地方之
間存在着垂直權力制衡關係，而在中國的黨國體制下，中央和地
方之間不存在權力制衡關係，因此政策試驗中的中央—地方互動
關係不同於民主聯邦制國家。儘管政策試驗是委託地方官員具體
實施，但中央政府在試驗過程中，對推廣、普及和協調地方經驗
起到了不可或缺的作用。在中國，專門有一套術語和方法塑造從
試驗方案上升到國家政策這整個過程，這套術語和方法源自中國
共產黨早期的革命經驗，其核心是「由點到面」制定和完善政策，
「因地制宜」實施是推廣政策。[15] 這種圍繞試驗展開的治理模式是
建立在中央和地方互動基礎之上，這種互動模式與我們以往所理
解的權力下放，分權或聯邦主義並不一致。雖然動手試驗委託給

13　參閱 Gabriella Montinola, Yingyi Qian and Barry Weingast, "Federalism, Chinese Style:
　　The Political Basis for Economic Success in China," *World Politics*, No. 48 (1995), pp. 50–
　　81; Dali Yang, *Beyond Beijing: Liberalization and the Regions in China* (London: Routledge,
　　1997).

14　參閱 Susan L. Shirk, *How China Opened Its Door* (Washington, DC: Brookings, 1994);
　　Wing Thye Woo, "The Real Reasons for China's Growth," *The China Journal*, No. 41 (1999),
　　pp. 115–137; Hongbin Cai and Daniel Treisman, "Did Government Decentralization Cause
　　China's Economic Miracle?," *World Politics*, Vol. 58, No. 4 (2006), pp. 505–535.

15　參閱 Sebastian Heilmann, "From Local Experiments to National Policy: The Origins of
　　China's Distinctive Policy Process," *The China Journal*, No. 59 (2008), pp. 1–30.

地方官員，總結推廣政策是中央政府的職責，所以中央政府對協調改革進程起到關鍵作用。中國這種試驗為主的治理模式類似於國際上發展政策顧問們內部所討論的社會計劃複製模式，特別是「分階段複製」(staged replication) 理論，這個理論描述了社會計劃從局部試點，擴大示範，到最後複製到全國的過程。[16] 許多發展中國家包括印度在內引進了這個理論，但結果卻是「試點項目屍橫遍野」。[17] 與這些國家截然不同，中國式的政策試驗覆蓋了從經濟管理到共產黨內部機構改革的廣泛領域，並將許多試點項目轉化為了全國的行動綱領。

政策試驗的工具

在民主政治中，政策試驗通常有以下幾種體現方式：

* 小範圍內探索性的試點項目，這是最常見的方式；
* 聯邦體制中個別州開拓性的立法嘗試(「以州為實驗室」)；
* 在正式法規內加入試驗性或限制有效期的附加條款；
* 某個地方行政部門被賦予國家法律的豁免權，這種方式非常罕見。[18]

16　參閱 Rekha Wazir and Nico van Oudenhoven, "Increasing the Coverage of Social Programmes," *International Social Science Journal*, Vol. 50, No. 155 (1998), pp. 145–154.

17　參閱 David F. Pyle, "From Pilot Project to Operational Program in India: The Problems of Transition," in *Politics and Policy Implementation in the Third World*, edited by M. S. Grindle (Princeton: Princeton University Press, 1980), pp. 123–144.

18　參閱 Charles-Albert Morand (eds.), *Évaluation législative et lois expérimentales* [Legislative Evaluation and Experimental Laws] (Aix-en-Provence: Presse Universitaires d'Aix-Marseille, 1993); David H. Greenberg, Donna Linksz and Marvin Mandell, *Social Experimentation and Public Policymaking* (Washington, DC: Urban Institute Press, 2003); Konrad Hummel, *Recht der behördlichen Regelungsexperimente* [Law of Experiments in Administrative Regulation] (Berlin: Duncker and Humblot, 2003).

　　然而，中國卻採取了不同於以上的方式。中國的政策試驗主要通過三種形式進行

- 試驗性法規（為政策試行而制定的暫行法規）；
- 「試點」（特定政策領域內的示範和試點項目）；
- 「試驗區」（被賦予充分自主權的地方行政區）。

1. 試驗性法規

　　如果仔細考察中國經濟改革前20年所頒布的經濟類法規（包括公共醫療衛生服務和社會保險改革），就會發現在標題中包含「暫行」、「試行」、「試驗區」或「試點」字樣的法規佔總數30%以上（見圖3.1）。1985年，全國人大決定，中央政府有權制定涉及經濟體制改革的暫行條例。這之後，中央政府充分利用了這個立法特權，在不通過國家立法機構的情況下頒布了上千條的經濟法規。科內（Peter H. Corne）指出，在中國制定經濟政策的歷史上，試驗性法規經歷了一個快速增長的過程。科內把試驗性法規稱為「準法律」，也就是說，這些「準法律」在經過一段時間的充分試驗後，國家立法機構對其修改和完善，最終才形成正式的法律條文。[19] 從1997年開始，由於經濟管理全面制度化，以及加入世貿組織後與國際立法標準接軌，中國頒布的經濟試行法規的數量開始減少。2001年到2006年，經濟試行法規的比例在13%（2001，2002）和28%（2003）之間起伏，而2003年試行法規有所增加的原

19　參閱 Peter H. Corne, "Creation and Application of Law in the PRC," *American Journal of Comparative Law*, Vol. 50, No. 2 (2002), p. 382.

因是新一屆領導人大力推行農村和社會福利的政策試驗。從2004
年到2014年，試行法規的比例一直在17%到21%之間波動，但
2015以後試行法規數量急劇減少，其原因主要是中央開始強調
「頂層設計」而不再是地方主動性。

　　政策試驗雖然早在1998年就被委託給地方政府執行，但中央
政府所頒布的試行法規仍然佔了不小比例。由此可見，經濟立法
的規範化和世貿組織的影響雖然對試行法規在政策創新中所起的
作用有所削弱，但並沒有完全終止它的使命。如今，試行法規失
去了1980-1990年代所享有的數量優勢，但在特定的政策領域它
們依然發揮了重要作用，比如國家領導人高度重視的農村改革和
社會福利改革。事實上，在哪些領域頒布試行法規、進行政策試
驗，依然取決於政治改革派的志向。

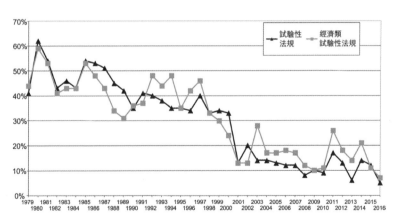

圖3.1　1979-2016年國務院頒布的試驗性法規

數據來源：北大法寶 http://www.pkulaw.cn，截至2017年1月26日。數據包括國
　　　　　務院和國務院各部委頒布的所有法律、法規和部門規章，效力較低
　　　　　的文件如「規範性文件」不包括在內。試驗性法規指所有標明「暫
　　　　　行」、「試行」或「試驗區」、「試點」的法規規章。

2. 試點

　　「試點」是中國政府在正式出台新政策或新法規前，籌備、測試和調整新政策和新法規時所採用的一種特殊工作方法，這種工作方法也被稱為「由點到面」。與頒布試行法規相比，「試點」工作方法運用更為廣泛。「試點」工作是指就某一政治或經濟領域，在有限的試點單位內嘗試新政策或新制度。毛澤東時代之後，中國的大多數改革都是通過「試點」這一方法先準備和嘗試，然後才以全國性法規的形式加以推廣。1980 年代末，「試點」首先在中央政府這一級別形成制度。國家經濟體制改革委員會在 1988 年成立了一個高層次的綜合規劃和試點司，負責對各個部門和地方經濟改革試點工作進行指導和協調，同時也起草相關的經濟法規。但因為試點工作本身在行政協調上困難重重，在政治決策中爭論不休，這個機構最終難負重任，於是在 1998 年，試點工作被正式下放給地方政府。[20] 儘管如此，國務院各部門仍繼續協調試點工作，以推動重要的全國性改革。每個「試點」項目的基本指導方針都由國務院審批。改革早期，這些方針表述得都非常含糊，僅僅是提出改革的想法和大體要求。但是近幾年，對「試點」工作的籌備、目標以及法律依據等方面都規定得更加具體詳細了。最近一系列的「試點」工作，如農村改革，都是在國務院下發正式通知後才開始進行的。[21] 2003 年到 2006 年期間，31 個國務院部級機構共進行 138 項「試點」工作，這些「試點」工作都有相應的正式文件規定，內容涉及農村經濟和社會政策、財政管理、社會保險、醫療

20　國家行政學院編著：《中華人民共和國政府機構五十年，1949–1999》(北京：黨建讀物出版社，2000)，第466–469頁。

21　《中國經濟體制改革年鑒 (1995)》(北京：財經出版社，1995)，第50–54、90–92頁。

衛生和教育等諸多方面，這些試點同時在幾個地方分別進行。儘
管從九十年代中期以來，中國的立法程序普遍規範化，但是中央
的國家部委一直強調，「試點」工作對於優化和完善國家政策是不
可或缺的。

3. 試驗區

「試點」只是對某一項政策進行嘗試，所以意義有限。相比之
下，試驗區則是一個地域性的行政規劃單位，它由中央政府批
准，被賦予廣泛的自主權，比如為推進經濟管理現代化或促進外
商投資而制定或嘗試新政策。[22] 每次新一輪的改革都是以建立一
批新試驗區為標誌（見表3.1），諾頓指出，試驗區擔任着「在現有
體制之外或在現有體制之間建立新制度」的任務和對新事物進行
嘗試。[23] 在這方面，名揚海外的例子是中國的經濟特區，它們被
准許自行制定和頒布法律。特別是深圳經濟特區得益於毗鄰香港
這個有利條件，成為制定和頒布法規最有活力的試驗室。從1979
年到1990年深圳共頒布了400多部經濟法規，這些法規對國家對
外貿易和外商投資的立法起到了巨大的作用。[24] 深圳特區的試驗
有一個特點，即通過借鑒東亞或西方發達國家發展經濟的經驗，
在中國試驗有爭議的政策，比如土地拍賣、外商獨資公司、勞動
市場開放，這些政策在當時大大突破了那些仍然束縛其他省市的

22 國務院辦公廳：《前言》，《中國經濟改革開放試驗區》（北京：中國青年出版社，
1992）。

23 參閱 Barry Naughton: *The Chinese Economy: Transitions and Growth* (Cambridge: The
MIT Press, 2007), pp. 406–408.

24 張建偉：〈變法模式與政治穩定性〉，《中國社會科學》，2003年第1期，第140–
141頁。

政策框架，因此和那些仍處於舊的經濟體制內的傳統的「試點」單位相比，深圳特區的試驗別具一格。

表3.1　中央政府批准成立的主要試驗區類型

類型	數量
1. 經濟特區（1979年開始）	5
2. 綜合改革試點城市（1981年開始）	72
3. 經濟技術開發區（1984年開始）	54
4. 沿海經濟開放區（1985年開始）	7
5. 農村改革試驗區（1987年開始）	30
6. 溫州商品經濟發展試驗區（1987到1989年）	1
7. 高新技術產業開發區（1988年開始）	53
8. 台商投資園區（1989年開始）	4
9. 上海浦東新區（1990年開始）	1
10. 保稅區（享受特殊關稅規定，1990年開始）	15
11. 邊境經濟合作區（1992年開始）	14
12. 綜合配套改革試驗區（2005年開始）	13
13. 金融綜合改革試驗區（2012年開始）	5
14. 自由貿易試驗區（2013年開始）	11
15. 全面創新改革試驗區（2015年開始）	8

數據來源：國務院辦公廳《中國經濟改革開放試驗區》(1992)；《中國經濟體制改革年鑒》(1989–2005年)；農業部農村經濟研究中心網站 (http://www.rcre.cn)，國務院台灣事務辦公室網站 (http://www.gwytb.gov.cn)（截至2007年7月）以及媒體報道。

綜上所述，隨着中國進一步融入世界經濟體系，政策試驗受到的限制也隨之增加。世貿組織的規定限制了經濟特區自行制定試行法規的做法。[25] 而中國的國家立法機構對政府繞過立法機關，自行頒布試行法規的做法也日益不滿，中國共產黨自身也強

25　吳小雲：〈創新：經濟特區立法的靈魂〉，《海南人大》，2004年第1期，第30–31頁。

調依法執政。儘管如此，政策試驗依然在中國蓬勃展開。政府雄心勃勃「建設社會主義新農村」的計劃成了新的試驗項目。2000年到2007年，大量各式各樣的試點項目分散到地方進行試驗，並「由點到面」擴大試點範圍。這些試點項目主要是針對解決農業和農村問題，比如農產品市場銷售（2000年開始）、降低農業稅費（2000–2004年）、土地管理（2001–2004年）、合作醫療（2003年以來）以及農村信用合作社（2003年以來）。一些試點項目導致了重大的政策轉變，比如取消農業稅和建立中央政府參與資助的新型農村合作醫療等。除了農業改革，2005和2006年，中央政府還分別批准上海和天津成立「綜合配套改革試驗區」，探索建立經濟、社會和行政機構之間的制度互補機制。政策試驗這一方法被繼續被運用在開拓性的改革領域，這些領域往往是中央政治議程裏的重中之重。

以試驗為基礎的政策過程

在一個法治國家裏，根據「依法執政」的原則，在沒有頒布法律法規之前，不會採取沒有法律依據或試驗性的行政措施。民主國家以立法為核心的政策制定過程有一個顯著的特點，即提前對政策可能帶來的影響進行協商審議，而不是先通過試行來推敲完善新政策。即使是在聯邦體制下，常被引述的州一級政府的政策創新也都以頒布法律法規為基礎（「聯邦制度試驗室」），很少有不經立法就進行的行政試驗。與此相反的一種做法是，在頒布正式的法規之前，先對新政策進行不受約束的試驗。這一方法在中國的政策制定中起到了決定性的作用。下圖所描述的政策過程模式是綜合了中國改革試驗在不同領域的共同特點後建立，本章後面的實例分析也運用了這個模式。該模式在內容和順序上與常規的政策過程模式存在很大的區別。

圖3.2 中國以「分級制試驗」為基礎的政策過程

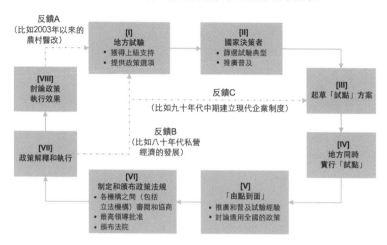

在黨國體制裏,最常見的是由政府內部提出試驗倡議。過去
30年一直負責試點工作的高級別官員在採訪中表示,大多數政策
試驗最先是由基層幹部為解決本轄區內的棘手問題而發起的,同
時也是受到仕途升遷和物質利益的驅動。基層幹部會向上一級相
關領導尋求試驗的支持。不同行政級別政策制定者之間的聯繫往
往是通過高一級的領導到地方視察,或是通過秘書,顧問及相關
調研人員等中間人建立起來的。上級領導對基層試驗的鼓勵和保
護是一種潛在的「政策保障」,這種保障對於基層開拓性的試驗起
到了決定性的作用,因為在中國政壇,如果沒有上級支持,個別
官員自發的改革行為不但達不到任何效果,同時也是拿自己的仕
途冒險。即使是像農村分田到戶和發展私營經濟這兩項改革,最
開始是由改革倡導者在地方上通過修改政策啟動的,但是潛在的
「政策保障」和上級領導的愛護對地方改革試驗的合法化並上升為
國家政策起到了決定性作用。在一個等級分明的體制裏,如果上
一級領導不支持也不推廣下級的政策創新,自下而上的政策試驗
將是毫無前途的。眾多案例的分析表明,在實際運作中,無論是

自下而上（「自發性的」），還是自上而下（「政治動員類型」）發起的政策試驗，在啟動階段如果沒有地方的主動性和中央的支持這兩個因素的聯動，試驗都是沒有意義的。這兩者缺一不可，後文的實例分析也將清楚地展示這兩個因素的相互關係（圖3.2 [I]）。

　　基層試點的結果和做法在得到上級的肯定並被樹為典型後，最高決策層中試點的擁護者和他們的部下就會啟動戰役，來擴大對新政策的支持力度。政府智囊和研究人員會就此對國內和國外的經驗進行系統研究；來自發達國家和國際組織的專家也受邀提供政策信息和起草具體的提議（圖3.2 [II]）。如果地方試點收效良好，同時政策創新能帶來好處的信息在決策層內部順利傳遞，如果其他的高層決策者也支持新政策，指導大規模「試點」的全國性方針就會成文。文件起草過程是地方官員為取得正式的「試點」資格而加緊四處游說的機會，因為開展「試點」工作的地方，不但可以獲得中央的優惠政策，還會增加當地官員晉升的機會（圖3.2 [III]）。

　　被篩選出來的正式「試點」經中央政府批准後試行新政策。中央會有選擇地加大對「試點」工作的補貼（這個做法至少持續到1990年代末）和擴大地方自主權，「試點」單位必須定期向上級匯報工作進度（圖3.2 [IV]）。接下來，上級巡視員被派到下面進行評估。中央和地方官員以經驗介紹會的形式進行交流和協商。決策者對「試點」成功的做法進行篩選鑒別，並拿到內部或公開進行討論。如果有好幾個主要的決策者都支持某個「試點」的「典型經驗」，並同意以「由點到面」，新一輪以「典型經驗」為基礎的「試點」就會在更大範圍內推廣開來。「學典型」的戰役一啟動，成百上千的外來代表團就會匯集到被樹為典型的試點地區，形成「取經」學習的政治旅遊熱（圖3.2[V]）。

　　接下來，中央決策者就下令起草正式的政府規章或法律，並對起草小組給予詳細的指示。之後國家各部委對草案進行審閱和協商，這一繁瑣的過程跟大多數國家內官僚機構制定法規的過程十分相似。最高決策者依然可以阻止制定新政策的動議。但如果他們無法組織或集結有力的反對力量，新政策還是會被政治局和國務院通過，然後以黨的文件、政府規章或國家法律的形式在全國範圍內執行（圖3.2 [VI]）。通過新政策或新法規並不意味着政策制定過程就結束了，因為接下來對於新政策的闡釋和執行又會立刻引發下一輪的試驗（圖3.2 [VII]），比如圖中所示的反饋B和C。帶有「試行」或「暫行」字樣的法規表示接受執行過程中對政策的修正。圖中的反饋A表示的是新一輪的試驗是由新政策帶來的衝擊所引發的，這也是標準的政策反饋機制。這三種反饋類型都可以在下面的實例分析中找到。

　　這種中央和地方之間特殊的互動機制是以試驗為基礎的政策過程得以為繼的本質所在。我們發現，具體試驗通常由基層政府官員來操作，而中央政府的作用則集中在篩選可供推廣普及的試驗典型，以及從地方試驗中總結經驗教訓。這個政策制定互動機制中，中國共產黨的組織人事制度決定了從下向上的動力，因為所有的政府機構和國有企業的主要領導職務都是由上級黨委任命的。加上中國政府條塊分割的特性，分散進行政策試驗實際上可以預防地方政府聯合起來，向中央統一要求全面下放權力。在分散試驗的條件下，地方政府只能通過個別游說使中央讓步。[26] 這種單獨的個別的政府內游說行為實際上有利於加強中央政治權威。

26　參閱 David Zweig, *Internationalizing China: Domestic Interests and Global Linkages* (Ithaca, NY: Cornell University Press, 2002), p. 52.

曹遠征、錢穎一和溫加斯特 (Barry Weingast) 把中國中央和地
方在改革中的互動關係比作聯邦制，[27] 但是他們沒有指出上級決
策者的關鍵作用，上級通過不干預、私下支持或公開鼓勵給基層
試驗開綠燈放行。在一個等級分明的體制下，即使是最大膽的基
層改革者也不能不重視上級的意見。所謂的「中國特色的聯邦制」
的理論認為中國的上下級管理方式已經被行政地方化、區域競爭
和中央地方之間的協商所取代。雖然這些因素在中央和地方的互
動中起到了重要作用，地方政府也在制定地方性政策時感到更加
自信和有保障，但上述因素沒有一個能夠消除中國政治經濟制度
中的等級制度，特別是中央隨時可以干涉地方的做法。

在維持分級控制的前提下，中國式的「由點到面」工作方法是
確保地方主動性的一種組織手段。[28] 自從這種工作方法被視為改
革的工具後，實際工作中導致了地方政府自行其是。在各級政府
中，有時是領導本身，有時是改革的擁護者，都參與到政策制
定、執行和修正的過程中來。整個政治制定過程因此不再是中央
集權或地方分權這種非此即彼的單一層次模式，而是一個在多層
級之間搖擺不定的互動模式。

政策試驗對政策子系統改革的影響

政策試驗作為一種特殊的工作方法在中國經濟改革中得到廣
泛運用，這雖然證明了它的重要性，但是卻沒有反映出這個機制
後面所隱藏的相關者的實際利益，以及試行規定、試點或試驗區

27　參閱 Yuanzheng Cao, Yingyi Qian, and Barry Weingast, "From Federalism, Chinese Style to
　　Privatization, Chinese Style," *Economics of Transition*, Vol. 7, No. 1 (1999), pp. 124–125.

28　參閱 Vivienne Shue, *Peasant China in Transition: The Dynamics of Development Toward
　　Socialism, 1949–1956* (Berkeley: University of California Press, 1980), p. 88.

對推動政策過程所起的作用。為了弄清政策試驗對中國經濟體制轉型的影響，我們必須對幾個富有爭議的關鍵性領域內的政策過程做進一步分析。

政策理論的研究表明，政策制定是「發生在特殊的政策子系統中，這些子系統以類似方式或多或少的彼此相獨立」。[29] 因此，構成政策子系統的制度、行為主體、利益、理念、問題和風險等具體因素就決定了政策的制定和修訂的機會和結果。此外，政策子系統有助於揭示不斷重複出現的互動行為模式。如果出現系統危機或局部危機，舊格局中的核心因素就會被破壞，從而導致互動行為模式的劇烈改變；而如果抱有不同目的和理念的新主體試圖進入子系統並修改遊戲慣例，也會破壞舊格局，但對互動行為模式影響相對較小。

表 3.2　主要經濟改革領域的試驗類型

	新主體遭拒絕並延遲加入 國家政策制定	新主體順利加入 國家政策制定
試驗的政策 風險較大	國有企業改革 （1978–1990年代中期） 行政管理部門激勵下進行的試驗，導致反覆嘗試政策工具	外商投資和對外貿易自由化 （1992–2000年） 中央政策突變，導致地方試驗失控
試驗的政策 風險有限	民營經濟的准入和發展 （1978–2004年） 低調地方試驗引發國家政策逐步持續調整	引進和監督證券 （1990–2005年） 技術官僚的大型試驗，擴展政策工具箱

根據試驗的動態特徵，大部分中國經濟領域內的改革存在兩個主要變數：首先，新興的經濟主體以及他們是否有機會在國家政

29　參閱 Silke Adamand and Hanspeter Kriesi, "The Network Approach," in *Theories of the Policy Process,* edited by Paul A. Sabatier, 2nd ed. (Boulder: Westview Press, 2007), p. 129.

策制定中表達自己的利益。其次，政策試驗所帶來的政治風險。政治風險在這裏可以狹義地理解為：國家決策者無法確定試驗會在多大程度上影響國民經濟基本屬性(這裏指國有企業和國企佔主導地位)以及政治目標(這裏指促進經濟增長和維持社會穩定)。

在經濟改革的第一個階段 (1978–1991)，政治大環境極其不穩定，這對下文所涉及的政策子系統都有直接影響。直到1992年經濟改革取得突破之前，中國國內有關經濟政策的爭論一直沒有停止，諾頓評價這個階段的改革「看起來時退時進」。[30] 1992年以後雖然中國政治的「大環境」在變化，下文所分析的四個政策子系統 (國有企業、私營企業、對外貿易和外商投資、證券市場) 卻顯示出與周圍政策環境截然不同的局部「小氣候」。每個子系統都有自己獨特的政策邏輯，儘管如此，政策試驗帶來的政策變遷還是在所有子系統中都起到了決定性作用。

下面的實例研究無法涉及到改革的各個階段和所有改革措施，它們關注的焦點集中在以下幾個方面：參與決策的主體構成，對風險的認知，國家決策者之間的衝突 (派系鬥爭) 和共識，地方改革倡導者和他們中央政府保護傘的互動關係，以及政策更新的類型和範圍(從反複嘗試政策工具到制定整套戰略)。這幾個方面有助於我們理解試驗推動政策變遷的積極貢獻。

1. 封閉的政策子系統內反複嘗試政策工具：國有企業改革

中國社會主義經濟核心領域的改革，即國有企業改革在1978年到1990年代中期這段時間裏幾乎是在一個全封閉的政策子系統裏進行的。在這個系統裏，根深蒂固的國家官僚機構和獲利豐厚

30　參閱 Barry Naughton: *The Chinese Economy: Transitions and Growth* (Cambridge: The MIT Press, 2007), p. 97.

的國企管理者佔據主導地位，並且得到國家必須控制國民經濟命脈企業這種官方意識形態的支持。在這種限制性的條件下，政策試驗只能是反覆嘗試各種政策工具，主要是運用行政手段激勵企業管理提高效率，減少浪費。國企管理人員和他們在政府內部的保護傘成功地說服了國家決策者不對國企施加更強硬的預算約束。以上這些因素延誤了開放國企經濟領域，推遲了新經濟主體參與競爭，並拖延了新規章制度的出台，這一延誤持續了將近20年，直到1997年亞洲金融危機，國企領域才被迫接受旨在「抓大放小」的新型政策發展策略。

表3.3　1978–1997國有經濟「試點」項目一覽

擴大企業自主權	1978–1980
企業利潤留存	1981–1982
利改稅	1983–1986
國有企業股份制改造	1984–1997
企業破產管理規定	1984–1997
籌備國有企業法	1984–1988
國有企業承包經營責任制	1987–1993
建立企業集團	1991–1997
建立現代企業制度 (大型國有企業正式改組為公司)	1994–1997

數據來源：《中國經濟體制改革年鑒》(1988–2005年)

　　表3.3列出的是國有企業1978到1997年之間進行的試點項目，可以看出當時國有企業長期處在虧損的狀況之中，試驗的目的就是通過額外的刺激和加大企業管理者的決策權來改進企業效率 (減少浪費，提高產品質量和減少國家財政補貼)，這些試驗沒有涉及企業之外的官僚機構的改革。[31] 國企改革試驗遇到了來自政

31　參閱 Edward S. Steinfeld, *Forging Reform in China: The Fate of State-Owned Industry* (NY: Cambridge University Press, 1998).

府決策層、國企行業官僚管理部門和國家立法機構的強大阻力，這種結果顯示，僅靠行政手段刺激國企徹底改革是不現實的。[32]

1990年代中期，以「建立現代企業制度」為目標的新一輪國企改革開始進行試點。面對國企急劇增長的債務，國家最高決策者同意對國企進行全方位改革。於是在1993年通過了新的《公司法》，計劃將國企改造成具有透明法人治理結構的現代企業實體，同時避免國有資產私有化。當時政策的執行是建立在「先立法後試驗」的基礎上（見圖3.2，反饋C），建立現代企業制度的試驗是為了讓一部國家法律順利實施。但是1994到1997年之間的試點顯示，改革試驗遭到了國企管理層和他們上級監管機構的暗中抵制，他們設計的試點方案十分官僚化，帶來的成效微不足道。1996年底對100個由中央監管、以建立現代企業制度為目的的試點公司的評估表明，「幾乎沒有一個試點企業達到了現代化企業的最低標準」。[33] 總的說來，與在其他更為開放的政策子系統內進行的改革試驗相比，以建立現代企業制度為目標的試點顯得拘謹而笨拙。

國企改革中反複嘗試不同政策工具雖然有助於減少政治和意識形態上的衝突，但卻只允許進行漸進改革。到1990年代中期，國企擺脫了以往僵化的計劃經濟下的計劃協調，但社會主義經濟的特色「軟預算」仍佔主導地位。這個封閉而滯後的政治領域最終是被亞洲金融危機打破的，這次危機讓中國國家決策者認識到國家經濟面臨着直接威脅。從1997年開始，國家決策者放棄漸進改

32　參閱 Murray Scot Tanner, *The Politics of Lawmaking in Post-Mao China* (Oxford: Clarendon Press, 1999), pp. 167–205.

33　參閱 Jinglian Wu, *Understanding and Interpreting Chinese Economic Reform* (Mason, OH: Thomson, 2005), p. 155；《中國經濟體制改革年鑒 (1995)》（北京：財經出版社，1995），第138–141頁；《中國經濟體制改革年鑒 (1996)》，第222–226頁。

革，轉而接受了國企轉制的一攬子計劃，這包括大規模聯合重組、國企經理人和員工收購自己的企業，私人投資者收購小型國企，吸收國外戰略投資夥伴，大量關閉企業和解僱員工，以及加入世貿組織參與國際競爭。

2. 在受束縛的政策子系統裏逐步調整政策：私營企業

　　1978年到2004年，私營企業的發展一直處在一個受束縛的政策子系統當中。出於意識形態的原因，私營企業是中國社會主義經濟改革最不被接受的新事物之一，在改革初期，私營經濟作為邊緣性的、臨時性的、受約束的國有經濟的補充部分被默許存在，私營經濟不允許擾亂國有經濟，因此沒有形成太大的政策風險。[34] 由於缺乏官方認可的地位，私營企業代表對國家政策制定的發言權一直到1990年代中期都受到了嚴格限制。

　　私營經濟發跡始於地方，之後經歷了一個政治地位逐步提升的過程。早期地方官員先是阻礙私營經濟這個新生事物的產生，但很快他們就學會了從私營企業中吸收新的資源（如重要的稅費、回扣和就業機會）。私營業主為了企業獲得更大利潤，則通過和個別地方官員結成合謀關係，從最初的「依附性庇護關係網」（dependent clientelism）發展到後來各式各樣的「共生性庇護關係網」（symbiotic clientelism），同時地方官員也對開發新的不受中央控制的徵稅來源抱有濃厚的興趣。[35]

34　參閱 Susan Young, *Private Business and Economic Reform in China* (Armonk, NY: M. E. Sharpe, 1995), pp. 13–14; Barry Naughton, *The Chinese Economy: Transitions and Growth* (Cambridge: The MIT Press, 2007), p. 95.

35　參閱 David L. Wank, "Bureaucratic Patronage and Private Business: Changing Networks of Power in Urban China," in *The Waning of the Communist State: Economic Origins of Political Decline in China and Hungary,* edited by Andrew G. Walder (Berkeley: University of California Press, 1995), pp. 153–183.

　　在改革的初期階段，中央都是通過含糊的政策聲明對私營經濟進行限制，這些政策常常被基層政府加以發揮，用來證明他們發展私營企業在意識形態上的正確性。因此，在這個領域內的改革大多沒有管制、低調但卻廣泛，並且是自下而上自發形成的。新生事物往往在基層已經遍地開花之後，中央才原則上同意「追認」其合法地位，然後才制定出具體的管理私營經濟的規章制度。[36]

　　受基層低調試驗的推動，1980年代中期，中央的改革派採取了一項重要的改革步驟，即把自發性的私營經濟拔高為全國性樣板，並在1986年指定溫州地區為「發展商品經濟的試驗區」。溫州地方政府獲得試驗區的頭銜後，大膽起草了中國第一部股份合作公司規定和非國有金融機構的規定，這兩項制度創新在當時的意識形態上頗有爭議，中央的改革派和他們的智囊們利用溫州試驗區證明私營企業發展的潛在優勢，並以此質疑堅持公有經濟為主體的觀點，有關「溫州模式」的討論吸引全國公眾輿論注意長達兩年之久。對「溫州模式」的討論為國家新法規的出台和修改憲法（1987年和1988年）奠定了基礎，新出台的法規大大提升了私營公司的合法地位。直到1989年，北京轉變政治風向，「溫州試驗」合法地位才被終止。[37]

　　普遍來說，地方在制定有關私營經濟的政策上擁有較大的自主性，出台了不計其數的暫行規定或臨時許可。一個關鍵的非正式制度在全國範圍內被地方政府廣泛採用，即地方政府允許私營公司登記為「集體」企業，以掩蓋私營成分的真實規模，同時避免

36　參閱 Susan Young, *Private Business and Economic Reform in China* (Armonk, NY: M.E. Sharpe, 1995), pp. 9–10, 16.

37　參閱 Kristen D. Parris, *Local Society and the State: The Wenzhou Model and the Making of the Private Sector in China* (unpublished dissertation, Indiana University, 1991).

陷入公開支持非公經濟的政治困境。在1980年代和1990年代的大部分時間裏，這種過渡性的制度安排一直被中央決策者默許承認，只是在意識形態受到衝擊的1989年到1991年期間，受到了短暫的抨擊。包裝成「集體」企業對民營經濟的發展壯大起到了關鍵作用。直到1990年代中期，大部分企業感覺到足夠安全後才正式登記註冊改為私營企業。地方政府發展和管理私營經濟的經驗為1987和2004年之間中央成功調整發展私營經濟的政策提供了借鑒。1990年代中期，隨着全國工商聯重新活躍，私營企業也得到了參與制定國家政策的機會。全國工商聯是在1950年代作為私營企業的代表而組織成立的，但是在此後大部分時間內卻都處於休眠狀態。隨着私營企業參與國家政策制定，私有財產的法律保障很快得到改善。2004年修憲之後，私企和私有財產的法律和政治地位最終得到了憲法的承認。

中國私營經濟的發展是一個引人注目的示例，它展示了自下而上的試驗如何在一個受束縛的政治子系統內部，逐步改變政策框架和政策優先順序，甚至推動制度轉型。從中央政府的角度來看，基層推動的政策創新有一個歷史遺留問題，即地方官員和企業家之間根深蒂固的共謀關係網，這對中央政府在私營經濟領域內實行統一的國家法規和稅收是一項挑戰。

3. 半開放的子系統裏的政策新起點：外商投資和對外貿易

1978到1991年間，對外開放和經濟特區在政治上是個爭論不休的話題，一直到1992年初鄧小平決定加快改革開放的步伐，對外經濟政策子系統才被大力敲開，隨之而來的政策新起點包括了重新定義對外貿易的目標、手段和規則，新政策加快了中國融入世界經濟體系。根據新的開放方針，中央下放了對外貿易和吸引外商外資的權力，這表明了中央願意承擔深入開放所蘊含的政治

風險，經濟開放於是正式從沿海地區擴大到全國。[38] 除此之外，
鄧小平還要求停止對經濟改革「姓資姓社」的爭論，這平息了1980
年代以來圍繞市場化改革所進行的意識形態上的爭論和黨內的派
系鬥爭。此外，蘇聯解體所帶來的衝擊波也促使政治精英們接受
了鄧小平深化改革的主張。

　　在1992年到1993年間中央制定了一套雄心勃勃的政策，全
面徹底地反省了中國經濟發展戰略，因此被視為中國經濟體系
向「社會主義市場經濟」轉型過程中的「突破」。這一強有力的政
策衝擊對改革倡導者發出了戰略轉折信號，這個信號立即被基
層所領會。在1992年到1993年期間，新一輪改革開放導致了地
方政府之間競相「爭取政策」以及基層幹部自發進行試驗，他們
急切地想從新一輪跨國貿易發展中獲利。基層官員開始游說上
級，為在本地區建立特別貿易和發展園區和獲取中央促進地方
發展對外經濟所給予的優惠政策展開激烈競爭。對於爭取中央
給地方的優惠政策，個別國家層面決策者的支持通常比正規渠
道的申請更關鍵，他們也被視為這類特殊園區的支持者。[39] 至於
設立特別貿易和發展園區，許多地方官員往往在中央正式批准
之前就擅自行動，導致園區建設消耗了巨額的公共投資基金，
加上地方政府不顧及國民經濟全域，擅自減免自己轄區內投資
者應繳的稅款，使中央維護經濟穩定的目標無法實現，於是中
央政府進行了幾次清理整頓，要求關閉違法設立的特別貿易和
發展園區。

38　參閱 Dali Yang, *Beyond Beijing: Liberalization and the Regions in China* (London: Routledge, 1997), pp. 54–55.

39　參閱 David Zweig, *Internationalizing China: Domestic Interests and Global Linkages* (Ithaca, NY: Cornell University Press, 2002), pp. 82–84.

　　在1992年之後的政策熱潮中，對外貿易從支持改革的一項輔助性措施轉變成為中國現代化的一個核心支柱。特別貿易和發展園區的普及擴大了地方官員對市場化改革的支持。[40] 特別園區還給為數眾多的國內公司從事對外貿易提供了無限商機，這些外貿公司的活動雖然僅限於特別園區內，但是它們的作用卻超出了試點地區，構成了中國經濟體制內以外貿為主的新的經濟主體。[41]

　　受中央政府保障的優惠政策刺激了經濟效率的增長，也使地方政府嘗試新的行政管理方式，比如在制定新的政策和法規方面獲得更大的空間。與此同時，在中國其他大多數地區卻依然實行原有的法規。[42] 這種不集中統一制定政策的做法最終形成了一項新的政治制度，在這個制度下，不是市場力量而是中央決策者決定了「哪個地區先開放，哪個地方就具有在國內外貿易中具有相對優勢」。[43] 從市場經濟的角度來看，這種方式嚴重扭曲了一些市場信號，也為官員提供了尋租的機會。但從政策改革的角度來看，這種分散制定政策的做法有助於決策者和行政官員適應新局勢。

　　中央和地方創新相結合造就了1992年以後中國對外經濟政策的轉變。中央決策者決定了這個變化的速度和範圍，但是地方政府對優惠政策的激烈競爭從另一方面給中央決策者帶來壓力。值得注意的是，中國在2001年加入世貿組織之前的經濟開放「不是通過市場自由化實現的，而是通過一系列政府安排，這些安排使

40　參閱 Susan L. Shirk, *How China Opened Its Door* (Washington, DC: Brookings, 1994), p. 42.

41　參閱 Dali Yang, *Beyond Beijing: Liberalization and the Regions in China* (London: Routledge, 1997), pp. 48–49.

42　參閱 Jae Ho Chung, "Preferential Policies, Municipal Leadership, and Development Strate-gies," in *Cities in China: Recipes for Economic Development in the Reform Era*, edited by J. Chung (London: Routledge, 1999), pp. 106, 111.

43　參閱 David Zweig, *Internationalizing China: Domestic Interests and Global Linkages* (Ithaca, NY: Cornell University Press, 2002), p. 50.

官僚機構達成共識，統一了中央和地方官員各自不同的激勵行為」。[44] 加入世貿組織之後，中國參與世界貿易和投資的機會進一步拓寬，隨之而來的新一輪對外經濟政策制定為適應世貿組織的原則，更正規地以條約和法律為依據進行，1992年以來的政策熱潮為此作了好準備。

4. 在不兼容的政策子系統裏擴展政策工具箱：證券市場

1990年以來在建設和規範上海和深圳證券交易市場方面，我們發現了一個與中國政治經濟體制背道而馳的政策子系統。證券市場無疑是「被硬塞進了一個以計劃經濟為主和缺乏私人所有制的經濟體系中」。[45] 一些新出現的金融業者利用他們跟上層決策者之間良好的關係，提出發展證券市場，以試驗的方式建立證券交易所。1980年代，經中央政府同意，地方上進行了有限的股票發行和交易嘗試。值得注意的是，試驗被設計為通過證券交易來幫助國企融資和改組，通過這個渠道開放國有企業的融資渠道，但同時國家不放棄對上市企業的控制，這樣的試驗因而被看成是低風險的行為，甚至得到了那些對資本主義方式持懷疑態度的人的支持。[46] 在這樣的政治條件下，金融改革者設法把一套全新的政策工具——證券交易及其相關機構和組織——塞進一個對私有財產權益缺乏可靠法律保障的經濟體系中。引進證券市場是技術官僚引進的一個龐大試驗，這個試驗創造了一個奇特的組合，即國家控制大部分上市公司和不可預測的證券交易投機活動。

---

44 參閱 Susan L. Shirk, *How China Opened Its Door* (Washington, DC: Brookings, 1994), p. 55.

45 參閱 Carl E. Walter and Fraser J. T. Howie, *Privatizing China: Inside China's Stock Markets* (Singapore: Wiley, 2006), p. 4.

46 參閱 Stephen Green, *The Development of China's Stock Market, 1984–2002: Equity Politics and Market Institutions* (London: RoutledgeCurzon, 2004), pp. 61–62.

　　一直到1990年代中期，上海和深圳交易所處於在當地市政府的監管之下。1993年到1997年間，國家監管機構才逐步建立起來。1997年後，作為對國內證券市場出現的一系列醜聞和亞洲金融危機的對策，中央政府把證券市場置於自己的直接監管之下，同時確認了證券市場在社會主義市場經濟中的合法地位，使之服務於國家產業政策和國企改革。

　　中國證券市場的歷史從頭至尾就是一系列政策試驗，其最重要的措施有：國企被重新包裝成為上市股份公司（1990年代早期）；有選擇地轉讓法人股（1992年）；國企在香港上市（1993年）；組建國家重點企業（始自九十年代中後期）；數次減持國有股（1999、2001和2005年）。兩個證券交易所從1990年到1997年期間一直被歸類為試點。

　　經由證券市場試驗而引入的一系列新的政策工具給中國經濟帶來的實質性改變比人們的期望要小。證券市場依然被政府代理機構和與政府相關的公司所主宰，這些公司迫切需要通過上市籌集資金，同時阻止自己的競爭對手——私營公司的上市和崛起。由於跟政府關係密切的公司主導着證券市場，為了保證市場上漲，在大多數時間裏這些公司的行為甚至沒有受到嚴格監管，官方所追求的股權試驗的好處（更好的公司治理，更廣泛的競爭等）在很大程度上都無法實現。[47]總之，指導證券市場試驗的基本政策框架從一開始就沒有改變過。證券市場沒有被設計為國企私有化的工具，而是為與政府相關的公司籌集資金的工具。證券市場是否能適應國家機構佔主體且不斷受到政府干預的中國企業界，依然是個沒有解決的問題。

47　參閱 Carl E. Walter and Fraser J. T. Howie, *Privatizing China: Inside China's Stock Markets* (Singapore: Wiley, 2006), pp. 130, 166.

5. 精英所倡導的試驗局限性：公共產品和社會參政議政

上面的實例分析表明，經濟領域內的試驗都是在政府倡議下啟動的，這完全符合威權國家的特性。然而，來自政府之外的改革倡議也越來越頻繁地出現在中國近年來的改革試驗中，一些政治話題通過社會呼籲和公眾批評進入了國家議事日程。

在中國，由社會精英所倡導的改革試驗無法解決那些被經濟發展所遺忘的社會領域裏的問題，因為這些試驗不會帶來新的牟利和尋租機會，同時社會精英沒有相應的地位和手段去影響行政部門，優先處理社會問題。在發展中國家，提供公共產品存在一個體制性的兩難處境，這就是提供公共產品的權力下放給地方，由於地方政治精英和經濟精英在尋租上的合作，很可能會損害社會中的弱勢群體。[48] 1990 年代中期以來，中國受國際援助組織的影響以及威權體制本身的特點，官方以提高公共產品供應為目的的試驗項目吸收了來自社會上的補充建議，有關農村醫療和土地管理的激烈討論中就反映了這個現象。

首先是農村醫療問題。毛澤東時代所建立的基層合作醫療體系在預防疾病和延長農村人口壽命方面曾經成效顯著，但是到了 1990 年代早期，由於農村解散了集體經濟和向市場經濟轉化，這一醫療體系幾乎完全崩潰。到 2003 年，大約 80% 的農村人口沒有任何形式的醫療保險。1980 年代末以來，在中央政府的支持下，進行了各種局部的農村醫療改革試點，這些項目在實施過程中不斷有外國政府和非政府組織參與其中，但是沒有一個試點被提升

48　參閱 Esther Duflo, Greg Fischer and R. Chattopadhyay, *Efficiency and Rent-Seeking in Local Government: Evidence from Randomized Policy Experiments in India*, paper presented at the Harvard Institute of Quantitative Social Science, December 2006.

為全國性的改革計劃。[49] 一直到 2003 年「非典」爆發後，農村醫療改革滯後受到公眾的強烈批評，農村醫療改革才被提上國家議事日程。政府公開承認所實行的農村個人負擔醫療是失敗的。公眾對「非典」疫潮的憤慨最終導致了中央改變政策。[50] 由中央政府參與資助的「新型合作醫療方案」成為眾多大規模試點項目的內容，2003 年以來，中國兩千多個縣中已有 300 個縣成為試點，預計到 2010 年，試點將擴大到所有縣。一些試點地區嘗試讓民眾代表加入公共監督機構，監督當地政府和醫療機構，提高醫療費用使用的透明度。由於目前所嘗試的各種新型合作醫療方案無法覆蓋所有醫療費用，所以只能解決農村部分問題。儘管如此，在公眾干預和社會壓力之下，農村醫療改革已經迅速成為國家政策制定的重點。

　　其次是土地管理問題。1990 年代末以來，工業和房地產快速發展，亂徵地和徵地補償標準成為激烈爭論的政策話題。這些爭論導致了地方抗議和上訪活動，以及關於改善管理的公眾討論。1998 年頒布的新土地管理法沒能解決這領域內的大規模衝突，中央政府發起和評估了幾輪地方試點項目，[51] 並在 2005 年和 2006 年頒布了一系列試行規定，以規範土地所有權的轉讓和公平賠償的標準。持續不斷的公眾抗議是促使政府修改土地政策的主要驅動力。

49　參閱 Yuanli Liu, William C. Hsiaoand Karen Eggleston, "Equity in Health and Health Care: The Chinese Experience," *Social Science & Medicine*, Vol. 49, No. 10 (1999), pp. 1349–1356; World Bank, "Rural Health in China," China Rural Health Analytical and Advisory Activities, *Briefing Note* 6 (2005).

50　王紹光：〈中國公共政策議程設置的模式〉，《中國社會科學》2006 年第 5 期，第 92–93 頁。

51　國土資源部：〈穩步推進徵地改革〉，2004 年 6 月 25 日，www.mlr.gov.cn/pub/gtzyb/gtzygl/tdzy/gdbh/t20040625 _13553.htm (2006 年 3 月 15 日最後一次登入，現已失效)。

　　這個領域內的衝突和濫用權力的問題到目前也沒有解決。但公眾意見和農民利益在以協商為基礎的新型試驗中被承認是政策制定的一個組成部分。2004年以來，新一屆政府根據「依法執政」的原則，把輿論監督列入制定法規過程中的正式程序。[52] 社會參與的試驗對國家政策制定只起到了補充作用，而不是決定性的作用。社會參與依然是臨時性的和有選擇的，公民組織沒有發揮明顯作用，也沒有形成制度化。政治議程設置雖然在接納公眾要求方面更開放了，但總的來說仍由政府控制。因此，參與試點工作多年的官員和外國顧問說：在中國，「要使改革取得成效必須把重點放在動員有權勢的官員上 …… 讓他們允許推進試驗。推動政府內部的創新是中國擴大試點項目改革所面臨的一個重要挑戰，因為政府依然是提供公共服務和制定政策的主導者。」[53]

　　在中國目前的政治體制內進行政策試驗存在一個關鍵性的難題：如果試驗項目不能立即給地方精英帶來好處，用試驗推動改革的成功的機會就會微乎其微。「非典」危機之前對農村醫療體系的忽視清楚地顯示了這點。只有在引起公眾強烈的憤慨之後，醫療改革才成為國家政治議程的首要內容，社會協商才成為政策制定過程的一個組成部分，由試驗啟動改革的模式才可能順利進行。

　　從上面的實例分析可以看出自下而上的政策試驗在經濟改革中的關鍵作用，只有在那些有新主體加入的領域，政策試驗才能導致根本性轉變，比如民營企業家和跨國投資者，他們行動積極，致力於重新定義遊戲規則和改變權力構成。這些以牟利為目

52　參閱Jamie P. Horsley, "The Rule of Law in China: Incremental Progress," in *China: The Balance Sheet in 2007 and Beyond* (Washington, DC: Center for Strategic and International Studies, 2007), pp. 93–108.

53　參閱Joan Kaufman, Zhang Erli, Xie Zhenming, "Quality of Care in China: Scaling Up a Pilot Project into a National Reform Program," *Studies in Family Planning*, Vol. 37, No. 1 (2006), p. 18.

的新興企業家是在政府官員的推動下成長起來的，政府官員在迅速發展的私營和跨國經濟活動中發現了許多新的「抽傭」機會（一種伴隨經濟增長出現的變相尋租形式）。[54] 企業家的牟利行為和官員的抽傭行為兩者之間的互動，使發展私營經濟和推動對外貿易這兩個政治領域內的試驗和制度創新異常踴躍。而在那為了維護國家利益而由國家操控的領域，加上國家主體佔主導地位，比如國企管理（1978年到1990年代中期）或證券市場監管（1999–2005年），這些領域內的官員們則傾向於局部改革，大範圍的試驗充其量是推動漸進改革。

試驗對政策學習和權力尋租的影響

中國的經濟改革和推進改革的政策制定過程無疑不能被簡化為政策制定者對經濟體制低效率的理性回應，[55] 對於想要改變經濟運行的政策制定者來說，政策試驗是一個處理不確定性（即無法準確預測改革在一個快速變化的經濟背景下產生的具體效果）和分歧（即政策制定者對於政策制定優先次序的矛盾心態、曖昧態度，甚至感到迷惘）的可靠方法。從設置政策目標到選擇試驗模式，以及鑒別可普及推廣的政策選項，這通常是一個高度政治化的過程，推動這個過程前進的力量有講究策略的機會主義、人事競爭、利益衝突、意識形態撞擊、特別的危機處理方法，以及建立戰略共識。

54　參閱 Andrew Wedeman, "Looters, Rent-Scrapers, and Dividend-Collectors: The Political Economy of Corruption in Zaire, South Korea, and the Philippines," *The Journal of Developing Areas,* Vol. 31, No. 4 (1997), pp. 457–478; Mushtaq H. Khan and K. S. Jomo (eds.), *Rents, Rent-Seeking and Economic Development* (Cambrige: Cambridge University Press, 2000).

55　參閱 Susan L. Shirk, *How China Opened Its Door* (Washington, DC: Brookings, 1994), p. 5.

根據經濟改革中的政治邏輯，政策試驗可預先將政治阻力和政治風險降至最低，成功的試驗還可以最大限度擴大政策支持和政治收益，[56] 比如朱鎔基（中國 1992–2002 年間卓越的經濟領導人）就利用試點為實施激進的政策變革作鋪墊，以此降低改革風險，增加改革的「可控性」。[57] 這些改革如果事先被挑明，很可能會在政治上遭到阻力。[58] 由此可見，政策試驗減少了最高決策層達成共識以及各部門協調過程中的磨擦和拖延特性，並有助於避免長時間的政策制定過程中的僵局。

總的來說，分散進行政策試驗是把負擔轉嫁到了地方政府同時也給試驗萬一失敗準備好了替罪羊，實際上是把中央決策者所承擔的風險和成本降到了最低。中央決策層中的改革派為了鞏固自己的政治地位和牽制競爭對手，不但接納基層的政策創新，而且將其置於自己的保護之下，這樣的舉動既展示了改革所取得的成就，也展現了他們所代表的政治導向。如果基層改革的效果無法滿足政治大背景和政治策略的要求，就不會被提上國家議事日程，2003 年以前的農村醫療改革試點清楚地展現了這一點。另一方面，受到中央積極支持的個別改革典型也可能是弄虛作假偽造出來的，典型經驗經過多年普及，最終卻被證明是不現實的。[59] 造成這種情況的原因是，地方試驗者傾向盡力誇大自己轄區內試

56　參閱 Lawrence J. Lau, Yingyi Qian and Gérard Roland, "Reform without Losers: An Interpretation of China's Dual-Track Approach to Transition," *Journal of Political Economy*, Vol. 108, No. 1 (2000), pp. 121–122.

57　劉釗、萬松錢、黃戰鳳：《論公共管理實踐中的「試點」方法》，《東北大學學報（社會科學版）》，2006 年第 4 期，第 281 頁。

58　參閱 Charles E. Lindblom, "Still Muddling, Not Yet Through," *Public Administration Review* Vol. 39, No. 6 (1979), p. 521.

59　參閱 Edward S. Steinfeld, *Forging Reform in China: The Fate of State-Owned Industry* (NY: Cambridge University Press, 1998), pp. 165–224.

點工作的積極成果，往往到了「由點到面」的推廣普及階段，才發現試點的典型經驗缺乏深思熟慮且不能實行。在這個階段失敗的試驗很少被公開，往往是在耗費了大量的人力物力後被不了了之（比如1980年代地方政府的機構和職能改革，1990年代各地進行的養老保險改革，或是近期的事業單位改革）。儘管局部試驗失敗可能耗費巨大，但仍然低於全國性政策失敗所消耗的成本。基層試驗的經驗在寫進國家政策之前，先在多個基層地區檢驗其效果，這種「由點到面」的方法自1978年以後就被當成新的改革方法的試金石，並對預防像1957到1978年間幾次經濟政策失敗所造成的全國性災難起到了重要作用。[60]

值得關注的是，即改革時期的試驗沒有簡單停留在探尋獨特模式和政策解決方案上。在農產品市場、私有經濟、外商投資等方面的試驗引發出廣泛的社會學習，特別是在決策者當中，通過這種全面學習，影響經濟行為的政治框架最終被分期、逐步、徹底地重新定義。政策試驗通過推動不起眼的分散的制度和政策變化來為重大的政策突破做準備。這個過程促使決策者不斷學習，轉變意識形態，削弱頑固既得利益，同時也是政府行為創新和經濟實踐的試行期。隨着時間推移，試驗徹底轉變了地方和中央的決策者對於經濟政策的思維方式。加上來自國外的衝擊，如亞洲金融危機和加入世貿組織，政策試驗也為改革的新起點提供了政策基礎，比如1997年的國企改革和2001年的對外貿易自由化，這兩次改革都徹底重組了中國經濟行政管理機構。私營和跨國經濟活動的急劇增長對長期的政策學習是莫大的幫助，這減少了在

60　參閱 Sebastian Heilmann, "From Local Experiments to National Policy: The Origins of China's Distinctive Policy Process," *The China Journal,* No. 59 (2008), pp. 1–30.

公共領域內直接進行體制改革的壓力，因此給決策者長期適應新政策提供了不同尋常的有利環境。

關於政策試驗最有爭議的一個觀點是，試驗助長了多少權力尋租行為。毫無疑問，對地方精英來說，發展新的收益來源是推動改革試驗的主要動力。地方官員對物質和仕途的追求對很多領域內的創新活動是一個有效的催化劑，但不能因此把這簡單等同於揮霍或掠奪性的尋租行為。依據分紅的邏輯，只要是有助於本地經濟增長和收入提高的試驗項目都會受到地方官員強力追捧。這種激勵機制推動了一系列新事物的出現，如以贏利為目標的新企業家階層、新的行政管理實踐，以及高效的新經濟組織。從這個視角來看，經濟政策的試驗帶來了廣泛的好處，它釋放了基層改革倡導者的能量，並推動了廣泛的行政官僚內部的利益重新分配，以配合國家領導人要求經濟增長的指令。

中國政策試驗的經歷是理解中國為什麼能夠發生一系列過渡性制度的關鍵，這些過渡性制度不是市場經濟的最優選擇，但是卻具有提高效率和「帕累托改善」的效應 (Pareto-improving)（主要出現在1978–1994年的改革階段）或者是「卡多爾改善」的效應 (Kaldor-improving)（主要出現在1994年以後，特別是在國有領域），因而能在政治上被接受，甚至被最初的反對者所接受。[61] 中國經濟學家中的新古典主義派傾向否定試點方法，認為試點是以行政為主導的國家採用的不合時宜的手段，與市場經濟體制下的平等競爭條件不相容，同時妨礙了以市場為主進行改革。[62] 這樣的批評是與中國經濟的實際情況相脫節的。在理論上，我們不能

61　參閱 Justin Yifu Lin, Fang Cai and Zhou Li, *The China Miracle: Development Strategy and Economic Reform* (Hong Kong: Chinese University Press, 2003), p. 327.

62　李曙光：〈李曙光建議取消改革試點〉，《金融信息參考》，1997年第5期，第3頁。

忽略中國經濟體制內無處不在的國家代理機構，它們履行了經濟體制改革過程中不可避免的行政干預、指導和協調。按照新古典經濟理論，效率低是政策試驗內在所固有的，然而在中國決策者眼中，這種低效率卻是在經濟高速發展的情況下，保證政治控制力和社會穩定的「必要的交易成本」。[63]

結 論

統一的法律體系和負責任的政府是民主國家實施政策的前提條件，這兩個原則要求政策試驗必須在民主法治下進行，跟這個要求相比，中國進行的政策試驗必然是專斷的和不穩定的。然而黨國體制具有意想不到的改革能力，特別是在尋求長期創新或在應對經濟發展的新挑戰方面，這種改革的動力在於「分級制試驗」所推動形成的廣泛的創新精神，適應和學習。通過分散試驗和中央干預相結合使地方試驗有選擇地被整合進國家政策當中，這是理解中國特有的政策過程的一個關鍵，這個過程對中國經濟起飛作出了貢獻。

在提供社會服務和公共產品方面，政策試驗顯示出明顯的局限性，比如對農村地區提供基本醫療保障，對土地使用權進行有效保護，或者在環境保護方面。提供這些公共產品要求把公眾利益表達和優先執行國家政策相結合，而這往往與大多數地方精英追逐短期利益的出發點背道而馳，所以經濟領域內所形成的試驗模式很難適用於提供社會公共產品。

63　參閱 Jean C. Oi and Chaohua Han, *Political and Institutional Complementarities: The Evolution of Corporate Restructuring in China* (unpublished manuscript, Stanford University, 2006), p. 21.

　　中國以試驗為基礎的政策制定過程是否能為其他國家克服制度變遷的障礙提供可借鑒的經驗和教訓呢？中國的經驗強調結合地方智慧、動員自下而上的主動性，以及接受不是中央制定的政策，這些做法與外國專家提議的「最佳實踐」建議形成鮮明對照。[64]此外，中國的經驗也表明，運用一成不變的統一執法來應對瞬息萬變的經濟轉型，可能不利於政策學習和接受新制度。值得探討的是，在一個快速變化的經濟背景下，「精心訂制法規」是否真的能增加市場主體的信心，推進理性市場行為。[65]與之相反，在正式立法之前進行廣泛試驗，也許能避免國家草率立法的風險。[66]

　　此外，中國的例子還說明了政策改革的倡導者和尋租行為之間的複雜關係。政策試驗被證明是激勵行政主體和經濟主體的有效機制，讓他們接受這種同時滿足尋租和贏利的新形式。對於政策制定者和行政管理者來說，改變基本的激勵機制是發動改革的前提，因而讓地方官員從自己轄區內的經濟增長和企業活動中取得紅利是不可避免的。然而，促進經濟增長的官員和追求贏利的企業家之間的共生關係必須存在於一個穩定的政治環境中，在這樣的環境中，參與者注重的是從地方經濟中長期獲利，而不是掠奪式發展。

　　中國政策試驗之所以取得成效是建立在其獨特的制度前提上（獨特性在於中國共產黨的單獨執政、等級組織結構和毛澤東時代留下的「蜂巢狀」經濟行政管理結構），以及單一的政策指令（發展就是硬道理），特殊的主體構成和期待（決策者不用面對周期性

64　參閱 Marshall W. Meyer, "Notes on China's Second Economic Transition," paper presented at the China Institute for Policy Studies, January 27, 2007, Beijing.

65　參閱 Peter H. Corne, "Creation and Application of Law in the PRC," *American Journal of Comparative Law*, No. 50 (2002), p. 375.

66　參閱 William Stanley Jevons, *Experimental Legislation* (Hitchin: Garden City Press, 1904), p. 9.

選舉或民主競爭，他們一致同意實現經濟現代化，卻對改革的政策優先次序、框架和方法爭論不休）。然而大多數發達國家的決策者、行政官員、利益集團和公民傾向認為，把試驗作為制定政策的出發點是有風險的，這樣做會動搖和威脅他們的現有利益。但對一個欠發達國家比如中國的決策者來說，他們更願意相信政策變化會帶來好處。

　　只要期待經濟增長的動力沒有改變，而且新形成的利益集團對不斷變化的環境感到適應，通過試驗來創新政策就能繼續下去。一旦人們的期待和興趣轉向維護現狀，或者熱衷於財富的再分配時，試驗就會受制於需求和供應雙方，比如利益集團和公民開始尋求具有普遍性和不可逆轉的規則，從事國內和跨國經濟的主體要求同等的法律保護，決策者開始把試驗看成政治風險，漸進立法主義可能因而避免試驗。最終的結果是政治和立法對政策試驗的束縛越來越強硬。雖然試驗對適應新制度有很多顯而易見的優點，但是在多數國家中，這種約束機制還是妨礙了在大範圍內進行試驗。黨國體制下的中國也難以避免這種情況，儘管在過去30年裏中國顯示了以試驗為基礎的經濟治理方式的潛力，但近些年中國也開始縮小試驗的範圍，就是很好的證明。

第四章

政策試驗和長期目標相結合：
中國異乎常規的經驗 *

我們正處於一個對主流經濟模式充滿懷疑的時期，許多人質疑市場經濟是否只是盲目的意識形態產物，這些理論把不受約束的貪婪和斂財合法化，同時將社會成本和經濟風險轉嫁給社會。許多過去享有霸主地位的範式現在紛紛瓦解，比如金融市場中備受稱讚的信息效率理論。在國家出台巨額的救市方案以及國有化眾多金融公司的背景下，以往佔據主導地位的「市場化加私有化」的範式（marketization-cum-privatization paradigm）迅速喪失其信譽。

「市場化加私有化」的解體標誌着社會科學的一個重大分水嶺，過去幾十年，這一範式不但曾經主導了發達工業國家和發展中國家對經濟和福利政策的爭論，同時也左右着東歐和中國對社會主義國家轉型的討論。鑒於許多西方經濟模式日趨式微，我們

＊　　本章初稿題為〈中國異乎常規的政策過程：不確定情況下反複試驗〉，載於《開放時代》2009年第7期。

有必要放下過去習以為常的解釋框架，重新思考不同尋常的管理經濟變遷的方式，比如從中國的發展經驗中汲取經驗教訓。

《近代中國》2009年7月出版的特刊收錄了幾位重要學者的研究成果，為我們更好地理解「制度重建的戰略」、[1]「政策學習模式」、[2] 以及關於「實現社會公平的迫切挑戰」開闢了新途徑。[3]

本章中，我將指出綜覽模式 (synoptic models) 的弊端，強調用一種開放的、注重過程而不是結果的研究方法取而代之。我認為，過去幾十年裏，中國在制定經濟政策方面之所以顯示出強大的適應能力，關鍵在於把廣泛的政策試驗和設定長期政策優先順序這兩個方面加以結合，在層級分明的威權體制陰影下進行我稱之為「有遠見的反覆試驗」。

鑒於目前中國以至全世界都迫切關注社會公正、包容並蓄及安全穩定等問題，我將把一些源自歐洲大陸的理念加入到社會契約的討論中，這些理念主要建立於秩序自由主義 (ordoliberalism) 對社會問題的思考之上。雖然這一理念被主流的自由市場主義棄置一邊，但正是憑藉它才造就了歐洲福利國家。

通過對上述問題的討論我將在本章結尾提出我的主張，即在應對政策過程的不確定性上，中國提供了一個全面而有益的範例，西方社會學家和政治家可以借鑒其在經濟體制和政策改革方面與眾不同的試驗方法。同時，我建議為了推進社會融合和長治

1　參閱 Fan Gang and Wing Thye Woo, "The Parallel Partial Progression (PPP) Approach to Institutional Transformation in Transition Economies: Optimize Economic Coherence, Not Policy Sequence," *Modern China*, Vol. 35, No. 4 (2009), pp. 352–369.

2　參閱 Wang Shaoguang, "Adapting by Learning: The Evolution of China's Rural Health Care Financing," *Modern China*, Vol. 35, No. 4 (2009), pp. 370–404.

3　參閱 Philip C. C. Huang, "China's Neglected Informal Economy: Reality and Theory," *Modern China*, Vol. 35, No. 4 (2009), pp. 405–438.

久安，中國的社會學家應該把他們的注意力從聲名狼藉的「市場化和私有化」範式轉移到秩序自由主義和政策議題上來，它們有助於構建一個更加人道的社會和穩固的社會契約，以應對21世紀的挑戰。

綜覽模式在中國改革過程中的局限

我們該如何認識並構建中國改革過程的模型？樊綱和胡永泰對中國經濟轉型研究中所用的政策排序 (policy sequencing) 方法所作的批評無疑是有道理的，[4] 大多數建立在這種按照時間排序所建立起來的模型都是以社會主義國家轉型初期為研究對象，而且樊綱和胡永泰的研究集中在1980年代到1990年代早期，當時對基本制度設計的各種爭論甚囂塵上。很早就有學者質疑各種以描述改革「最優排序」建立起來的模型對政策制定者所能起到的引導作用和實用性，因為政策制定者處於一個不確定的環境中，為了控制局面常常只能退而求其次。[5]

與排序模型有類似弱點的是樊綱和胡永泰所提出的「平行局部進展」(Parallel Partial Progression) 的方法。樊綱和胡永泰假定，政府在以「優化並統一推動改革」這一總體目標下，能夠「使不同機構的改革相互協調一致。」他們把政府視為一個超級協調者，希

4　參閱 Fan Gang and Wing Thye Woo, "The Parallel Partial Progression (PPP) Approach to Institutional Transformation in Transition Economies: Optimize Economic Coherence, Not Policy Sequence," *Modern China*, Vol. 35, No. 4 (2009), pp. 352–369.

5　Gérard Roland 提出了改革排序的各種模型，這些模型以回顧方式揭示「所觀察到的改革過程的規律性」，說明限制決策者的眾多因素。但這類模型的研究規範性依然很不明確。參閱 Gérard Roland, *Transition and Economics: Politics, Markets, and Firms* (Cambridge: The MIT Press, 2000).

望政府能夠調和高度複雜的改革一攬子方案，但這種看法是靠不住的。伯雷布魯克 (David Braybrooke) 和林伯隆曾指出，政策過程中所運用的總覽式的、純理論的推理演繹方式是站不住腳的，因為它們首先假定研究者掌握了全部的政策選項；其次，他們假定政策制定的終極目標是明確並不受干擾、不會動搖的。[6] 然而，恰恰是在一個持續變化的政治經濟環境下，在最不可預測和最不利的政策過程中，政治決策者才能發現各種推動變革的方案。[7] 在政策制定者和社會學家對改革的「終極目標」都還不明確的情況下，我們又何從獲知樊綱和胡永泰所說的「局部改革」的內容呢？經濟體制從「狀態1」轉變到一個可以明確定義或令人滿意的「狀態2」，這種潛在性假設是有問題的，因為這種假設帶有目的論甚至是意識形態的偏見：現在大家不是正在質疑經濟學家以「市場化加私有化」為標準來衡量中國的轉型狀態嗎？我們如何得知這種範式現在是否可行並被未來的中國社會所接受呢？出於上述原因，這一轉型的範式遭到嚴重批評，[8] 在政治學研究中也不再廣泛應用。

　　林伯隆就政策研究提出一個中心觀點，這個觀點在近幾十年來憑藉廣泛的實證研究獲得支持。他認為人們總是在不停地「制定和修訂政策，這是一個逐步接近人們所期望實現目標的過程，在這個過程中，人們經過反思不停修正自己的目標」。[9] 在研究不

6　參閱 David Braybrooke and Charles E. Lindblom, *A Strategy of Decision: Policy Evaluation as a Social Process* (New York: The Free Press, 1963).

7　參閱 Dani Rodrik, *One Economics, Many Recipes* (Princeton, NJ: Princeton University Press, 2007).

8　參閱 Thomas Carothers, "The End of the Transition Paradigm," *Journal of Democracy*, Vol. 13, No.1 (2002), pp. 5–21.

9　參閱 Charles E. Lindblom, "The Science of 'Muddling Through'," *Public Administration Review*, Vol. 19, No. 2 (1959), pp. 86, 88.

確定情況下的諸多政策選項時，樊綱和胡永泰對其固有的模糊性和不連貫性傾向輕描淡寫。他們在文章的最後一段提到，如果增強改革一攬子方案的內在統一性，就可以使研究變得更科學一些。按照林伯隆的觀點，這是「科學地」誤解了政策過程，忽視了改革議程錯綜複雜的一面。制度改革和政策改革往往交織在一起，呈現出「亂成一團」的局面，[10] 在這種狀況下，政策干預的可行性和後果極難預料，加上部分決策者態度曖昧、優柔寡斷、爭吵不休，干預和互動過程中突發狀況，各種無法預見的反饋信息，以及不可預期的內、外部的發展或衝擊，這些都可能在很短的時間內迅速改變整個政策制定環境。

中國具體的改革經歷很少具有整體配套的特徵，而更多地是被描述為一種分期分批的改革過程，這種改革方式的好處不在於統一性而在於開放性，意料之外的、試驗性的政策解決方案一旦出現就被立刻抓住。綜覽式和漸進式政策過程之間的衝突在城市國企改革中表現得尤為明顯。中國的政治決策者早在1980年代中期就意識到國企綜合配套改革對於重建國民經濟的必要性。為了同時解決企業、行政和社會保障等一系列相互牽連的問題，他們進行了許多試點改革。儘管這些綜合配套改革試點的範圍很有限，但仍在改革一開始就受到阻礙，由此可見，「統一配套」的城市國企改革有多麼複雜、昂貴和風險重重。

1990年代，我們發現國企在試驗「綜合配套改革」的同時，國企債務卻在不斷增長，因此很多人認為這些試驗都是失敗的。儘

10　參閱 Horst Rittel and Melvin Webber, "Dilemmas in a General Theory of Planning," *Policy Sciences*, Vol. 4, No. 2 (1973), pp. 155–169; Tom Ritchey, "Wicked Problems: Structuring Social Messes with Morphological Analysis," *Acta Morphologica Generalis*, Vol. 2, No. 1 (2013), pp. 1–8, last modified 2013, http://www.swemorph.com/pdf/wp.pdf（2017年3月11日最後一次登入）.

管如此，這些試驗還是有助於政策制定者了解制度上、社會上和財政上最根本的迫切要求，發現國企改革的成本和風險結構，同時嘗試解決問題的不同做法。大範圍的反覆試驗豐富和改變了從基層到中央的政策制定者和行政管理人員在制定經濟政策方面的知識和技能。同時，大量增長的私營和跨國經濟行為也對長期的政策學習起到了極大的幫助作用，這些經濟行為減輕了直接進行國企改革對公共領域造成的壓力，從而為政策制定者提供了不斷調整適應新形勢的有利環境。中國大規模綜合配套改革中政策調整的真正突破是在1992至1993年（引入市場經濟改革），1997至1998年（國企改革和金融業改革）以及2001至2002年（外貿和投資自由化），這幾次大規模的改革決策都是在外部的壓力下（蘇聯解體、亞洲金融危機和加入世貿組織）由政府最高層推動的，然而，從長期局部政策試驗中獲得的經驗才應該是這些重大決策得以出台的基礎。

總而言之，中國的政策制定者很早就明白，統一配套改革是解決國企改革中行政和社保問題的最佳途徑，但他們當時不能，現在仍然無法就國企改制後期的措施、目標、和議程達成統一認識，因為對他們來說，徹底私有化既不是他們想要的也不是他們所能接受的。除了終極目標之外，當年政策制定者對如何進行改革也沒有把握。他們不知道什麼樣的政策能解決國企最緊迫的問題，同時又不喪失對國企的控制。儘管如此，中國沒有因經濟改革陷入僵局而裹足不前，中國的政策制定者依然進行着不連貫、但卻有益的局部改革，這與勃烈日涅夫統治下的蘇聯有所不同。最後，在外部事件的驅使下，他們抓住了改革的關鍵機遇。借助之前的政策試驗，中國的決策者有足夠的信心決定哪些改革行得通，哪些該避免，他們有財力推行積極的財政政策，為國企改革

的受損者提供一次性補償。簡而言之，中國政治經濟改革所面臨
的挑戰和轉變幅度就像在既不知海水深淺也不明風向的「大海上
重造一艘船」。[11] 政策制定所處的環境總在不斷變化並難以預測，
任何嘗試設計綜合改革一攬子方案的行為都要受制於這些因素，
研究者對這一點必須有足夠的認識。

理清政策過程：反複試驗、不斷學習、持續調整

　　為了靈活應對外界的不確定性，政策主體必須不斷嘗試各種
方法、過程和組織機構，並根據具體情況調整它們，由此找出什
麼可行。正如羅德里克所指出的那樣，「理清政策過程」是政府在
發展經濟時發揮主導作用的關鍵。成功的政策過程是「找出能用
政策引發變化的領域」。[12] 由於所採用的政策受不同國家特殊環境
的影響，所以大大限制了經濟轉型標準方案的普遍適用性。政策
過程應該理解為一個開放的、深入調查研究的過程，在這個過程
還中還應該積極主動揭示意外發現的事物，這樣才最有益於解決
問題。

　　王紹光在他的文章裏展示了中國開放的政策過程對於解決農
村醫療問題的重要性。他恰當地指出「中國體制的活力在於其不
相信由來已久的『放之四海而皆準』的實用主義原則」。[13] 他在文
章中回顧了農村醫療政策獨特的制定過程、制定者行為模式及各

11　參閱 Jon Elster, Claus Offe and Ulrich K. Preuss, *Institutional Design in Post-Communist Societies: Rebuilding the Ship at Sea* (Cambridge: Cambridge University Press, 1998).

12　參閱 Dani Rodrik, *One Economics, Many Recipes* (Princeton, NJ: Princeton University Press, 2007), p. 100, 104–5, 117.

13　參閱 Wang Shaoguang, "Adapting by Learning: The Evolution of China's Rural Health Care Financing," *Modern China*, Vol. 35, No. 4 (2009), pp. 370–404.

種方案的歷史演變，解釋了它們在中國背景下形成和被認可的原因。王紹光的文章提供了有力證據，證明自下而上這種政策輸入對中國政策過程中的重要性。從毛澤東時代到現階段，這種開放式的試驗一直推動着政策過程。正是依靠這種驚人的歷史延續性，來自基層的知識和反覆試驗在潛移默化中影響了國家農村醫療政策的制定過程並使其合法化。

分散形成的不同政策選項為中國政策創新提供了重要的寶貴資源，這在上層機構臃腫、中央集權的前蘇聯國家中從未實現過。中國之所以與蘇聯模式有明顯不同，主要是因為中國共產黨獨特的革命傳統，比如「由點到面」出台政策，或「因地制宜」執行政策，這些都是中國共產黨取得革命勝利的關鍵手段，在經濟改革和開放時期這些方法也發揮了重要作用。[14]

關於政策學習的研究，最大的困難是學習過程基本上是無法觀察到的。研究人員推斷，隨着時間推移，由政策主體組成的社群改變了討論的話題和政策制定的內容、或者是出現新的認知和規範，當這些行為發生時，就表明政策學習正在進行中。但這樣的研究都是事後分析，通過對一些以試點、示範點、特區或試行條例為形式的政策試驗進行觀察，我們卻可以從「正在進行的政策過程」中找出促進適應和學習能力的機制。政策學習屬一種事後認知範疇，它無法告訴我們是什麼使得中國政策制定者較之其他國家更願意接受基層形成的政策選項，因此在探究中國為何具有獨特的制度和政策適應能力時，與其說中國政策制定者具有超強認知能力，不如用政策試驗這種政策生成機制來解釋更有説服力。

14　參閱 Sebastian Heilmann, "From Local Experiments to National Policy: The Origins of China's Distinctive Policy Process," *The China Journal*, No. 59 (2008).

　　王紹光為我們展示了歷時性政策研究的一個極大優點，即其研究方法的開放性和靈活性。如果有新的行動主體、利害關係、意識形態或反饋信息加入競賽，政策過程就提供了一個適合的分析框架去發現和整合這些變化。這種對政策過程的分析優於那些預先設定、過度精心構建的制度主義政治經濟模型。分析政策過程可以使研究者靈敏地感知到正在進行的細微變化、超常規的運行機制、意想不到的各種互動以及隨機出現的不同結果，而不用設定「某項政策或制度改革後的最終狀況將是怎樣」，同時也可以避免目的論的偏見，比如「中國何時以及如何實現『真正的』市場經濟或『真正的』民主？」，這類偽命題在有關中國轉型的社會學爭論中比比皆是。

　　塔雷伯建議，因為一個國家創新能力的高低不是簡單歸結於體制 (市場或計劃，民主政治或獨裁主義) 原因，而是取決於這個國家為「最大限度的反複試驗」所提供的機會。[15] 如果政策制定者樂於放手讓基層自己創造新知，非民主國家內也能出現此類試驗，在這方面中國做得尤其出色。而對於西方主流的政治經濟學來說，放棄「市場化加私有化」範式中所包含的一些假設前提，比如二元對立的政權分類、刻板的假設和所謂嚴謹的模型，以開放的方式研究中國獨特的經驗，卻是一項重大挑戰。

　　還需要說明的是，政策研究的一個原則就是把政治體制分解為政策子系統，其中各個政策子系統都具有迥異於其他子系統的運行動力。[16] 所以我們發現中國某些政策領域內學習和適應能力

15　參閱 Nassim Nicholas Taleb, *The Black Swan: The Impact of the Highly Improbable* (London: Penguin, 2008), p. xxi.

16　參閱 Michael Howlett, M. Ramesh, and Anthony Perl, *Studying Public Policy: Policy Cycles and Policy Subsystems*, 3rd edition (Toronto: Oxford University Press, 2009).

特別強，比如外貿領域，但在反腐敗等其他一些領域，政策學習
和解決問題卻長期原地踏步。由於這種巨大的落差，當代政策研
究有一個核心經驗，即不把某個政策子系統的研究結果輕易推而
廣之，從中得出有關整個政治體制的種種假設。

對體制適應能力的最嚴峻的考驗常常來自破壞性危機，在
這類危機中，經濟和社會的學習能力、政府和機構的反應能
力、社會對政府的支持都會達到極限，許多政權都是用自己的方
法度過危機。中國富有創造性的政策過程在正常時期裏卓有成
效，而面對危機時，中國政府用什麼方式來應對，還有待進一步
觀察。

反複試驗是不夠的：層級制度的陰影

儘管王紹光強調了在農村醫療問題中自下而上政策創新的重
要性，但他同時也明確指出，如果沒有來自上級的支持，地方創
新往往無路可走，或至少走不遠。正如王紹光文章中所引用農民
的話：「上面不喊了，中間不管了，下邊就散了。」[17] 因此不應低
估上一級對地方試驗的關注程度。上級的庇護和支持往往對保護
和提高基層創新力有着決定性作用。最高層政策制定者提出寬泛
的政策目標和優先順序，這即為基層試驗提供了合法性，也同時
給基層回旋的餘地。只要政策工具符合上級領導在講話、文件或
發展規劃中所提出的中心工作，未經批准的政策試驗就可以被視
為對政策執行工具的有益探索。上級領導有權保護也有權制止基
層的政策創新，這往往取決於地方政策試驗的結果對他們有多大

---

17 參閱 Wang Shaoguang, "Adapting by Learning: The Evolution of China's Rural Health
   Care Financing," *Modern China*, Vol. 35, No. 4 (2009), pp. 370–404.

好處。最重要的是，上級領導在傳播基層創新經驗過程中扮演了把關者和倡議者的角色。

因此中國在制定政策方面的適應能力並不僅僅基於最大限度的反複進行地方試驗，更準確地說是層級制度陰影下有遠見的政策試驗，這些試驗服務於上級領導不斷提出又不停修改的政治議題，無論是最有膽識或最自私的基層官員，都未擺脫這個陰影。

中國層級制度的影響非常有意思，但又很模棱兩可，對此值得我們投入更多的思考。依照一個影響廣泛的說法，中國的權力結構被割裂為「政治上集權」和「經濟上分權」兩個部分。[18] 用這種政治／經濟二分法所建立的模式導致了在理解中央和地方互動關係上爭議不斷。我認為，在給中國套用西方聯邦制模式時，與其淡化層級制度中的模糊部分，不如仔細考量層級的結構及其作用。[19]

在對層級制協調的研究中，沙普夫 (Fritz Scharpf) 將層級制度的結構分為兩種截然不同的類型，這兩種類型在中國都能找到相應的例子。第一種類型是自上而下的分層協調機制 (比如蘇聯的中央計劃編制體制或中國共產黨自上而下的幹部任免制度) 具有上級直接強制干預和控制的特徵，上級干預壓倒下級優先決定權。然而，這種嚴格的分級控制很少能真正實施，常常是限制在少數幾個政策領域內，常常最後發展為周期性的政治運動和肅清運動。在中國行政領域內，更為常見的是第二種強制性較弱的層級結構，這種威權體制只對下層施行間接的、不統一的約束。這

18　參閱 Huang Yasheng, *Inflation and Investment Controls in China* (New York: Cambridge University Press, 1996); Hongbin Cai and Daniel Treisman, "Did Government Decentralization Cause China's Economic Miracle?," *World Politics*, Vol. 58, No. 4 (2006), pp. 505–535.

19　參閱 Barry Naughton, "Singularity and Replicability in China's Developmental Experience," *China Analysis*, No. 68 (2009).

種較弱的上級控制造成了基層擅自行動、討價還價、違反法律法規、集體腐敗成風。儘管如此，基層官員依然被無處不在的分級制度所包圍，動輒受到上級的干預。對於下級來說，他們始終處於層級制度的陰影之下（這裏是指如果犯錯就要受到上級制裁）。沙普夫說「他們不是獨立的」。[20]儘管這種建立在層級制度上的權威不一定能實現有效控制，但它還是會影響人們的思維、行動（比如官員會掂量是敷衍還是照辦上級命令），以及上下級之間或中央部委之間的互動。我認為，中國改革開放以來，不管經濟管理權限如何分散、地方官員如何不聽話，層級制度的陰影依然對各個政府層面的政策制定者和行政管理者之間含糊不清、搖擺不定的互動起到決定性作用。

總而言之，地方政策創新是中國改革的重要基礎和機遇，但是地方試驗在中國並不等於放任自流，或者隨心所欲擴大政策範圍。確切地說，它是意圖明確的行為，是為正式出台普遍適用的政策，甚至是為國家立法，提出可供選擇的新政策。在層級制度下反複試驗——這恰恰體現了地方積極性和中央決策之間的辯證作用，這讓中國從1978到2008年的經濟治理在具有適應能力的同時又富有創新性。

秩序自由主義的另一種選擇：注重社會契約

許多中西方的社會學家不滿足於提供數據、分析和論點，他們企圖通過自己的政策建議幫助解決迫切的政治、經濟和社會問

20　參閱 Fritz W. Scharpf, *Games Real Actors Play: Actor-Centered Institutionalism in Policy Research* (Boulder: Westview, 1997), pp. 197–198.

題，表達出強烈的社會責任感。如何解決中國目前所面臨的社會問題，源自歐洲大陸有關社會契約和福利國家的理念也許可以帶來一些靈感。在「市場化加私有化」最盛行的時期，為歐洲建立福利國家奠定基礎的社會思想家和他們的理論被擱置一邊。儘管如此，黃宗智仍然強調，在考量市場和國家間互動關係時，這些理論提供了另一種選擇。在當前經濟和金融的低迷時期，大政府干預市場和公司運作是必要的。在這種背景下，凱恩斯主義再次盛行。[21] 除了凱恩斯主義，我們還發現一個獨特的秩序自由主義（又被稱為弗萊堡學派），該學派主要流行於德國和瑞士，主張重組市場和國家行為，目的是維護社會公正、經濟穩定和政治自由。[22]

與「市場化加私有化」範式相反，秩序自由主義學派認為一個有效的市場經濟本質上是由政治塑造而成的，是人性化設計的結果，它由一個有權威但又有限的政府設立並受其保護。秩序自由主義主張，通過憲法和制度的事先約定，在國家和市場各自的周圍建立起一道堅固的屏障，以使它們在自己的領域內盡可能發揮自己的特殊作用，同時保護它們的獨立完整性不受削弱。從道義上看，政府和市場本身不是目的，它們最根本、最終的作用在於

21　參閱 Hyman Minsky, *Stabilizing an Unstable Economy* (New York: McGraw-Hill Education Ltd., 2008).

22　秩序自由主義早期代表人物有羅普凱 (Roepke)、歐肯 (Eucken)、米勒阿爾馬克 (Mueller-Armack) 和伯姆 (Boehm)。系統論述秩序自由主義的英語文獻，參閱 Peacock and Willgerodt, Alan Peacockand Hans Willgerodt (eds.), *Germany's Social Market Economy: Origins and Evolution* (London: Macmillan, 1989); Peter Koslowski (ed.), *The Theory of Capitalism in the German Economic Tradition* (Berlin and New York: Springer, 2000); Rolf Hasse (ed.), *Social Market Economy: Principles and Implementation* (Berlin: Adenauer Foundation, 2008)，該書中文版名為《社會市場經濟詞典》（上海：復旦大學出版社，2004）；秩序自由主義的中文翻譯參閱瓦爾特‧歐肯：《經濟政策的原則》（北京：中國社會科學出版社，2014）；何夢筆主編：《秩序自由主義》（北京：中國社會科學出版社，2002）。

保障人的尊嚴和自由，而這種保障是建立在富足、人權、社會包容和相互支持的社會保險網絡之上。秩序自由主義還認為，市場在協調經濟方面起着不可或缺的作用，但也不能指望市場為社會發展指明方向或目標，這與「市場化加私有化」理論形成鮮明對照。

市場不能也不會使社會融合在一起，這是秩序自由主義的一個主要觀點，黃宗智對中國灰色經濟具有警示作用的研究也印證了這個觀點。[23] 到目前為止，政府沒能持續地、令人信服地把處於弱勢的龐大的灰色經濟就業人口融入社會。這不單單是政府在制定政策方面一個明顯失職，同時也暴露了政策制定者長期迷信遠離現實的數量模型之後會變得多麼盲目，無視並忽略社會上重要的群體和人間疾苦。

因為秩序自由主義是歐洲經歷了政治、經濟、社會崩潰等災難的產物，所以它對市場經濟的看法融合了市場失靈、政府垮台、民眾苦難所帶來的各種風險。在經濟持續低迷的時期，面對破壞性的經濟打擊，對於一個幾十年支持弱勢群體的福利國家來說，促進社會公正和社會包容也許是應對社會動盪和社會分裂最有效的緩衝器。在嚴重的危機面前，以往的經濟增長率無助於維護穩定。短期的政府援救計劃不能補償過去幾十年裏堆積的社會不公和社會對立局勢。從秩序自由主義的角度來看，福利國家是維持長期社會公平、人權和政治經濟穩定的重要工具。即便是在壓力重重的時期，福利國家也能夠維護政治體制的合法性。在這方面，中歐和北歐有關社會公正和社會包容的觀點可以為中國提供切身的經驗教訓。

23　參閱 Philip C. C. Huang, "China's Neglected Informal Economy: Reality and Theory," *Modern China*, Vol. 35, No. 4 (2009), pp. 405–438.

　　一部重新制定的社會契約將會平衡物質生活、經濟增長、公眾參與和生態持續發展之間的關係。在應對諸如社會分化、環境退化、人口老化等長期挑戰時，國家的協調能力成為解決問題的關鍵。市場本身不會主動遏制這些巨大的衝擊，但在資源配置方面，國家不可能做得比市場更好。為了超越市場原教旨主義和大政府干涉主義，現在應該重新仔細審視包括秩序自由主義在內的那些社會理論，他們為在21世紀重建政治經濟和引進牢固的社會契約提供了另一種理論基礎。

　　綜上所述，本章將中國不同尋常的政策制定方法描述為「有遠見的反複試驗」──通過不斷探索和試驗新政策工具，尋求廣泛而長期的政策優先順序──如果這種穩定又靈活的方法能得以保持並不斷適應新發展，在接下來的幾年裏可能會成為中國巨大的優勢。對西方的社會學家來說，現在是時候來認真對待中國的發展經驗了。以中國的政策過程為例，它不依賴脫離現實的經濟數量模型，提供了全面認識另一種解決問題機制的途徑，而這些機制可能有助於應對大規模社會變遷。在一個極其不確定的環境下最大限度反複試驗，同時不會導致社會分裂，讓決策過程公正而合理，這是發達國家和發展中國家都面臨的一個巨大挑戰。

第五章

為市場規劃，為長遠謀策

綜合發展規劃作為一種預期性公共政策協調機制，不但時間跨度長而且涉及範圍廣，其對政策制定的要求之高讓許多國家望而卻步。從1980年代開始，大多數國家減少了規劃，甚至默默地放棄了這方面的努力，[1] 唯有中國一直鍥而不捨完善其規劃機制。過去的30年裏，中國經濟充滿活力，政府一方面削減了大部分社會主義計劃經濟體制下的行業行政管理部門，另一方面重新激發了對經濟、社會、科技和環境發展進行長遠綜合規劃和協調的雄心。

為了預測、利用和影響國內國際市場趨勢，中國政府不斷起草中長期政策規劃。從航天計劃、基礎設施建設到人力資源、教育以及醫療衛生，文化生活和休閒旅遊，中長期規劃幾乎覆蓋了所有領域。為了促進規劃的制定和實施，中國的規劃制定者試圖

1　參閱 Peter J. Boettke (ed.), *The Collapse of Development Planning* (N.Y.: New York University Press, 1994); Michael P. Todaro and Stephen C. Smith, *Economic Development*, 10th edition (Harlow/London: Pearson, 2009).

把中長期規劃與各種協商機制和調整機制結合起來，旨在使規劃對意外狀況的反應更敏銳，自我調整更順暢，以及更加有助於政策工具的創新和運用。就長期規劃的廣泛性及對國內國際的影響力來看，中國建立了我們這個時代最具魄力的規劃體制。

新型發展規劃

從1993年開始，發展規劃在內容、程序和方法方面都發生了根本性變化，目的是在保留國家主導的同時，讓舊的計劃協調讓位給市場協調。改革後的發展規劃逐步遠離蘇聯式的行政管理模式，認同市場自身所具備的發展潛力。儘管如此，中國還是保留了國家主導發展規劃最核心的部分，特別是當政府不遺餘力地：

* 進行戰略協調：從預期性、長期性、綜合性的角度來確定國家政策優先順序並對其進行協調；
* 主導資源調動：根據政策制定者對經濟和社會持續發展必要性的判斷，調動和集中有限的資源進行結構調整；
* 實行宏觀調控：為了實現預定的發展目標，預防劇烈的經濟周期波動和遏制外部衝擊，國家控制主要經濟變量的增長和水平。

對於理解中國這種新型發展規劃的轉變過程，引進「社會主義市場經濟」的最初幾年特別重要。1993年秋天中央委員會決定對計劃體制啟動全面改革，改革涉及計劃的職能和機制。不同於之前的計劃代替市場，現在要求計劃部門「以市場為基礎」，將國內外市場主要趨勢融入長期政府規劃中，與市場一起為市場作計劃。

宏觀調控和總量平衡

中國並沒有全盤取消計劃和撤銷計劃部門，而是轉變計劃部門職能，重新定義計劃在「宏觀調控」中地位和作用，將計劃與財政政策和金融政策並列為三大宏觀調控手段，保障經濟活動實現「綜合協調」和「總量平衡」。與以往的計劃專注於龐大的量化目標和指標不同，計劃制定者受命轉向宏觀的，戰略性和政策性議題，不再直接給其他部門和地方下達命令，將計劃的「事先協調」與市場的「事後協調」結合起來。[2]

編制「十五」計劃（2001–2005）期間，朱鎔基政府甚至提出政府「不再是資源配置的主要力量」，經濟增長應建立在市場競爭基礎之上。計劃應將重點從提出有限的量化增長目標轉向引導和協調結構性和實質性的經濟和社會轉型，比如發展服務業，推動內需，確保環境可持續性，促進城市化以及西部開發。此外，「十五」計劃還把科技和人力資源視為中國趕超先進國家的決定性因素。[3]參與制定「十五」計劃的官員指出，這是1990年代中期以來社會主義從短缺經濟轉為過剩經濟的必然要求，計劃體制必需從強調物質生產和實體增長轉向更加廣泛的以人為本的發展。[4]

與朱鎔基對綜合計劃的作用以及計劃機構轉變職能所持的懷疑態度相反，2003年開始執政的溫家寶則強調國家要對經濟、社

2　參閱 CCP Central Committee, "Decision of the CCP Central Committee on Some Issues Concerning the Establishment of a Socialist Market Economic Structure" (official translation). *Xinhua News Agency News Bulletin,* No. 16388, November 17, 1993；桂世鏞、魏禮群、鄭新立主編：《中國計劃體制改革》（北京：中國財政經濟出版社，1994），第72–76頁。

3　張卓元、路遙：〈第十個五年計劃的制定與實施〉，《中國十個五年計劃研究報告》（北京：人民出版社，2006），第661–703頁。

4　楊偉民主編：《發展規劃的理論和實踐》（北京：清華大學出版社，2010）。

會、科技和環境的發展進行長遠協調，並重新重用制定規劃的官員。2003 年 11 月的中共中央全會上，溫家寶提出了「五個統籌」的綱領性口號，以此概括共產黨重視「和諧」和「科學」發展的理念，強調政府協調發展的責任。中國政府認識到對城鄉之間、地區之間、社會和經濟，人和環境以及國內國際之間的不平衡發展不應放任自流，不應寄託於市場的自然演化過程解決這些問題。

2003 年對「十五」計劃進行了一次內部中期評估，評估的結果是決定對「十一五」規劃的作用和方式進行重大創新，這些創新的想法其實早在 1990 年代中期就有人提出。為了跟以往政府直接決定資源配置有所區別，「計劃」一詞被改為「規劃」。更重要是，「十一五」規劃除了提出「預測性指標」之外，引進了新的「約束性指標」。與以往的計劃經濟中的指令性指標不同，約束性指標被視作「政府對社會的承諾」，約束的對象不再是企業，而是各級政府部門，特別是對政府在環境保護和國土利用方面進行約束。這種轉變是基於制定規劃的官員逐漸認識到，如果國家規劃僅僅局限在 1993 年的教條，作為「戰略性、宏觀性和政策性」的指導方針，國家規劃將會失去公信力和有效性。

引進約束性指標之初曾經遭到許多市場派的官員和學者的批評，但是制定規劃的官員成功地說服了最高層的決策者，並讓規劃專家委員裏的市場派經濟學家最終也接受了他們的理由，即約束性指標是用來規範政府行為(而不是干預企業決定)，這種做法在環境保護和土地利用政策方面是合理與合適的。

事實表明，「十一五」規劃 (2006–2010) 最成功之處就是提高了全國行政部門對節能減排的意識並轉變政府行為，這樣的結果甚至讓一些中央官員也感到些許意外。在隨後的「十二五」規劃中，制定規劃的官員建議擴大約束性指標的應用範圍，進一步用國家標準來約束地方政府行為，以阻止破壞環境和濫用土地資源。

表5.1 1980年代以來計劃職能的轉變

1980−1992的計劃 實施情況	1993年之後的創新	2000年之後的創新
計劃最高目標		
實物產出增長（「物質計劃」）；「總體平衡」	「宏觀調控」；集約式增長；提高生產力和生活水平；「可持續增長」	轉變產業結構；城鄉之間和地區之間收入再分配；環境保護；技術創新；「人力資源」（「以人為本」編制規劃）
計劃編制方法		
逐步減少指令性計劃和資源配置的行政手段；對初期消費市場實行「指導」計劃；局部放開價格	轉向以市場為導向的「宏觀」計劃；大幅度減少量化指標和資源配置的行政手段；放開價格	引進新的約束性指標，規範政府在環境保護和國土管理方面的行為；劃分「主體功能區」對地方經濟發展進行統一規劃
產業政策		
蘇聯式的行業部門管理產業資源	撤銷行業主管部委；開始制定產業政策	普及中長期產業規劃和產業政策

與東亞模式比較

中國自轉向「社會主義市場經濟」以來所進行的計劃體制改革，與日本二戰後經濟發展的理念以及政府干預重點有一些共同之處。例如二戰後的日本政府與冷戰後的中國政府都先後把趕超先進工業國家，增強國際競爭力作為經濟發展的目標；此外，強調保障國家「經濟安全」以及避免外國勢力在經濟發展中佔據主導地位。

正如沖本（Daniel Okimoto）所說，東亞產業計劃的核心是對完全自由市場根深蒂固的懷疑，不相信完全自由市場能夠自發地形成「一種滿足國家需求的產業結構，而不是被動地接受國際分工的結果」。因此市場必須經由政府預先干預而建立，並用政策維護市場穩定。社會投資必須集中引導到主導產業，為實現國家的戰略目標和利益服務，這些國家目標和利益雖然是由政府決定，卻

是建立在廣泛的社會共識上，即促進國家富強和提升國際地位。[5]

從中國綜合規劃的目標體系來看，1993年之後的發展途徑很大程度上與東亞國家的經歷類似，[6]這其中包括了循序漸進的發展重心：從九十年代中期開始，先是基礎設施建設，之後社會（包括社會再分配，收入不平等，城鄉人口流動）、技術、環境、人力和空間（城鄉、大城市）的發展在規劃中的比重逐步增大，直到今天成為了規劃的中心議題。

儘管如此，中國國家主導的規劃過程卻從未像日本那樣，依靠政府與私營經濟間微妙的互動達成所謂的「由官僚體系牽頭的社會談判」。[7]在某些方面，中國1993年後的規劃似乎更接近韓國1960年代到1980年代的計劃管理，當時韓國採用一種混合的政策手段，既包括了約束性手段和誘導手段，也包括了分類管理、區別對待的方式。當時的韓國與今天的中國一樣，行政主管部門常常把定期規劃協商視為了解商業和官僚體制之間新趨勢的途徑，或是在經濟環境發生變化時調整他們的行政干預渠道，甚至是克服狹隘的「長官意識」和部門管轄權力糾紛的工具。[8]

除了以上這些類似的地方，中國與東亞各國有着本質區別。首先，中國戰略性政策協調是從指令性計劃發展演變而來的，這種以幹部為基礎建立起來的指令性經濟與日本或韓國直到1990年

5　參閱 Daniel I. Okimoto, *Between MITI and the Market: Japanese Industrial Policy for High Technology* (Stanford: Stanford University Press, 1989), pp. 9–12, 36–37.

6　參閱 Somsak Tambunlertchai and S. P. Gupta, "Introduction," in *Development Planning in Asia*, edited by Tambunlertchai and Gupta (Kuala Lumpur: Asian and Pacific Development Centre, 1993), p. 5.

7　參閱 Yoichi Nakamura, "Economic Planning in Japan," in *Development Planning in Asia*, edited by Tambunlertchai and Gupta (Kuala Lumpur: Asian and Pacific Development Centre, 1993), pp. 21–22.

8　參閱 Il Sakong, "Indicative Planning in Korea," *Journal of Comparative Economics*, Vol. 14 (1990), pp. 678–679.

代早期所實行的以市場為主的規劃有着本質不同。其次，日本經濟從來不是中央計劃經濟，日本地方政府的行為也從來不受中長期指導性計劃的約束，日本的指導性計劃更像是為經濟主體和官僚主體提供的一個總體經濟預測和指導方針。另外，日本的計劃雖然通過公共部門和私營單位之間交流互動形成的，但這種互動主要發生在非正式的、沒有等級之分的人際關係網絡中，[9] 而在中國更為普遍的依舊是自上而下的規劃過程。最後，大型國有企業在中國佔據着主導地位，這使私營企業在國家制定政策過程幾乎沒有機會發揮作用，這與日本和韓國早期的情況形成鮮明對比。

儘管如此，從1980年代到今天，日本和韓國的經驗都被中國視為編制規劃和制訂產業政策的榜樣。過去的10年裏，中國的規劃制定者對尋求指點的方面越來越專業，也越來越挑剔。例如，中國的規劃制定者如今求助日本大都市規劃的模式和專家，向德國請教空間和環境規劃，向新加坡和韓國學習人力資源管理和科技規劃，甚至研究了北歐斯堪的納維亞一些小國的社會福利規劃。值得一提的是，印度所使用的高深複雜的計劃模型和技術也曾被中國同行反複地測試過，[10] 但卻從未成為中國真正學習的樣板。

調整機制

1993年以後，中國制定規劃的官員對建立形式化的模型越來越謹慎，對市場的異常波動以及政策實施過程中難以預料的狀況則越來越寬容，強調必須把綜合規劃、全域利益與現場靈活解決

9　參閱 Daniel I. Okimoto, *Between MITI and the Market: Japanese Industrial Policy for High Technology* (Stanford: Stanford University Press, 1989), pp. 24, 228.

10　參閱 Terence J. Byres (ed.), *The State, Development Planning and Liberalisation in India* (Delhi: Oxford University Press, 1998), pp. 1–35.

問題的方式結合起來。可以說，1993年後的新型發展規劃之所以
有利於中國經濟起飛，或者至少說沒有妨礙中國的經濟迅速發
展，原因在於它採用了有效的調整機制。

一些調整機制對傳統計劃體制內僵化和集權傾向具有抑制作
用，這些機制對其他東亞國家也不陌生，[11] 這些調整機制包括：

- 把指令性計劃限制在少數幾個國家嚴格控制的行業；
- 擴大和改善契約型和指導性計劃（這裏指以誘導手段為主
  的、非自上而下的計劃）；
- 開放各種渠道吸收借鑒國外經驗，並根據實地情況加以
  改善；
- 向國際市場開放，引入創新和競爭的壓力。

另外的一些調整機制則是中國特有的，在自身實踐過程中形
成的各種長期的、臨時性的調整機制，這些機制包括了：

- 鼓勵各方面分散進行廣泛和持久的政策試驗；
- 信賴長期存在的過渡性的、混合和非正式的機制（機制分
  層）；
- 不強調制度化，堅持在中央集權和各地自主之間來回搖
  擺的模式；
- 利用黨內等級制度強制地方執行中央的政策指令（例如紅
  頭文件、黨的會議、「搞運動」等），這些中央政令常常作
  為應急措施下達給地方；
- 對黨管幹部的人事制度進行創新。

11　參閱 Sebastian Heilmann and Elizabeth J. Perry (eds.), *Mao's Invisible Hand: The Political Foundations of Adaptive Governance in China* (Harvard University Asia Center, 2011).

在中國，政策協調的過程及手段常常與大多數工業化國家或新興國家有很大的區別，但這並不意味着中國發明了新的過程和手段。中國的創新在於根據自己的國情重新組合了指令性、契約式、指導性以及試驗式協調手段，這些機制和手段的源頭都可以追溯到中國本身的政治—行政歷史經驗，或早先日本、韓國經濟起飛階段的經驗。

由此可見，中國政府的政策制定過程和手段超過了現有的分析框架和理論模型，無論是社會主義計劃經濟，還是東亞發展國家模式，或是英美的監管國家的理論範式，都無法單獨解釋中國的現實。中國提供了一個很重要的例證，告誡我們切勿簡單分類。簡而言之，中國在1993年之後的新型規劃為應對不斷變化的經濟、科技和社會環境，在改革過的靈活的政策制定過程基礎之上，重新組合了各種治理方式。

新型規劃的成就和局限

1993年之後，中國政府對基本的宏觀經濟指標及其平衡（通脹、財政赤字、外債、資本性賬戶、經常賬戶和外匯）繼續進行集中控制。這種政府干預和規劃相結合的方式迄今為止成功地促進了經濟增長（主要靠投資和外貿推動）、基礎設施建設和產業多元化。無論是在1997年的亞洲金融危機還是在2008年的世界金融危機期間，中國的宏觀經濟雖然遭到外部衝擊，但有計劃的和臨時性的干預措施很大程度上保證了宏觀經濟的適應能力。發展規劃和行政干預當時被當成一種工具，用來調控國內、國際市場以及市場主體。

保持計劃的靈活性這大概是中國新型規劃的最大優勢。在三次經濟調整期間（1993–1995，1997–1999，2008–2010），面對艱

巨的宏觀經濟挑戰，中國政府必須迅速暫時改變原來的規劃目標，在這種情況下，規劃工作顯示出了它的靈活性。把試點方案編入宏觀規劃中，引進中期規劃評估以及中央定期派出巡視組，這些做法讓中國避免落入規劃一旦出台就無法變通的困境，20世紀許多社會主義和非社會主義國家正是因為這種弊端逐漸放棄了計劃。

一位資深的規劃制定者承認說，當經濟危機的應對措施與長期目標發生衝突的時候，中國的規劃制定者往往是「犧牲長期目標」。但經濟復蘇一旦在望，他們又試圖重新回到既定的長期目標。中國規劃者對待規劃的靈活性在2008–2009年世界經濟衰退期間也有所體現。當時中國制定規劃的官員調動了所有可利用的資源應對危機，當經濟形勢重新穩定下來之後，他們又同樣堅決的回到了五年規劃中所制定的「正確」的長期目標。總的說來，中國制定規劃的方法是非常靈活的，它既有明確的目標，同時又給反複試驗各種實現目標的方法和步驟提供足夠的發揮空間。

儘管中國經濟取得了相對成功的發展紀錄，但是，從規劃所提出的調整經濟結構和轉變發展模式，通過效率、創新和國內消費促進發展這些目標來看，規劃也顯示出了明顯的局限性。從1990年中期以來，所有「五年計劃」都把「轉變增長和發展模式」當成中心任務，但規劃在促進和引導宏觀結構轉變方面的成效卻乏善可陳，這與經濟發展、政府規劃和干預經濟所取得的成就形成鮮明對照。從轉變經濟結構和技術創新來看，各個領域實施規劃的效果參差不齊，既有大型國企意想不到的成功轉型和崎嶇的技術創新之路，也有推動國產汽車產業化過程中屢屢失利、代價不菲的政策，而房地產市場的迅猛發展則完全超出了當年規劃制定者的預測判斷。

　　總之，對制定國家規劃的官員來說，如果規劃與市場激勵機制和商業利益相違背，他們就很難對地方政府和企業強制實施規劃和約束他們的行為。國家規劃實施最有效率的領域，往往是對幹部的政績考核與國內國際市場發展趨勢相吻合的那些領域。1993年以後，很多行政管理部門、行業和地區都迫切要求改革計劃體制。他們認識到要轉變觀念，不應再把計劃與市場相對立（或把計劃作為市場的替代品），而是要與市場一起為市場規劃，這種要求和願望構成了當時改革計劃體制的最大動力。

　　中國制定規劃的模式暴露出許多眾所周知的政府長期干預經濟的缺點。首先，國家規劃導致出現各種既得利益團體，並維護這些團體在規劃過程中的特權。因此中國的政策制定者和政策顧問之間最大的爭議，是關於政府應該如何利用有針對性的、促進競爭的中長期規劃來限制戰略經濟領域內的壟斷和寡頭結構。其次，大家對一個關鍵問題還沒完全達成共識：即在一些領域限制政府的干預行為和規定政府「退出」的門檻，從而留給市場競爭和社會自發組織發展空間。目前中國經濟和社會的很多領域仍需要把個人主動性引入公共機制內，「共同促進結構轉型、多樣化和科技發展，這個公共機制應該超過市場自發機制」。[12] 正如其他東亞國家曾經經歷的那樣，在一個日趨複雜的社會裏，信息無處不在，創新自下而上，國家不可能自上而下主導經濟和社會多元化的發展。面對這個棘手的政治問題，東亞各國不得不採取分期分批的方式讓政府逐漸退出經濟活動。基於目前中國對經濟領域有增加干預的趨勢，政府退出經濟和社會領域的動力不足，前景不容樂觀。

12　參閱 Dani Rodrik, *One Economics, Many Recipes* (Princeton, NJ: Princeton University Press, 2007), p. 99.

規劃是統一行政的過程

除了協調經濟的作用之外，發展規劃對中國統一政治過程也具有不可忽視的作用。通過設置政策議程，確定新的工作重心，為方便各級政府之間的溝通、協調而創造新的標語，制定中長期綜合規劃的過程實際上為中央決策者提供了一次難得的展示權威的機會。地方行政機關也許傾向忽視中央制定的國家政策和遠大目標。但他們必需學習領會國家政策，並花費大量的時間編寫和論證地方發展政策，這些地方政策必須符合國家政策。

本文作者所採訪的中央和省一級的官員都不約而同地強調擁有一份正式的、完整的規劃文件的重要性，它為起草其他專門政策的文件提供了重要參考。有的政策諮詢專家強調中央及各級政府一方面要重於對發展戰略進行定期反思、論證和調整，另一方面要注重吸納專家學者參與協商規劃。由於各級行政和職能部門都參與規劃的編制和實施，這個過程如同各部門之間進行一種交流溝通的戰略性演習，內容包括服從中央領導的公開表態，幫助辨別政策制定者和行政官員之間對政策的不同意見，並儘量縮小這些不同意見。

發展規劃不但對統一中國龐大的，職能碎片化的行政機構來說具有重要的、甚至是不可或缺的作用，同時也賦予了黨的領導地位的合法性。從這個角度來看，中國1993年後的新型發展規劃也許對統一政治—行政的作用遠遠超過了對經濟活動的配置、再分配以及調節作用，這與其他許多國家的計劃相比有着本質區別。

短期政策制定周期理論的不足

從根本上說，中國制定規劃目的是為了把政治決策的優先發展順序強加於市場。世界金融危機發生後，對西方國家政治制度

的批評日漸聲高，在這種背景下，中國制定規劃的做法受到了支持和肯定。在中國的規劃制定者看來，西方國家制定政策僅限於市場失靈後的臨時性補償措施，並把人類社會發展交給「盲目」的市場力量。換句話說，中國的國家規劃可以被視為一個較長的政策制定周期，這與大多數國家較短的政策制定周期不同，較短的政策制定周期意味着常常會臨時改變政策，這與中國長期鎖定一個既定目標形成鮮明對比。

　　儘管中國的政策制定者將繼續編制國家規劃，但他們也認識到，未來的經濟和社會將面對越來越多不可知和不確定的因素，規劃不可能全都預測到這些因素。一位制定規劃的高層官員受訪時承認，即使是最詳盡的規劃也不能阻擋災難、經濟衰退和外部衝擊的發生，因為在規劃者掌控之外有太多不可知的變數。但是有遠見的規劃能為迅速一致應對這些意外提供一個堅實的基礎，幫助社會最大限度減少損失。出於這個原因，宏觀調控最近把保護中國不受周期性金融市場危機的衝擊當成中心任務。

　　將廣泛、長期的政策目標與不斷探索嘗試新的政策工具相結合，中國這種非常規的制定發展規劃的方法未來可能會是一種優勢，前提是這種政策制定過程能經受住當前的挑戰，繼續推動政策制定者不斷探索具有廣泛共識的發展目標和新的政策工具。

　　2008年世界金融危機之後，許多國家加大了對市場的干預。中國將長期規劃和調整機制相結合的做法超過了許多國家應對危機所採用的臨時性的補救措施，這對許多國家是個有益的啟示。但是，必須指出的是，中國制定規劃的方式產生於一個非常獨特的政治經濟環境之下，在其他國家簡單複製中國「模式」顯然並不可取。

　　為了保持黨的領導地位和行政的連貫性，中國的政策制定者試圖控制經濟增長、通貨膨脹、財政赤字、貸款總額、活期和資本賬戶、匯率機制等這些他們所認定的決定發展的主要變量，並

盡力保持它們的穩定。對於大多數其他國家來說，通過國家機構和行政法律手段來控制這一連串的政治經濟因素是不可行的，而對於中國來說也不是長久之計。一旦其中的一個或數個主要變量失控，新型發展規劃可能就會嘎然而止。

第六章

中國長期政策的核心機制：發展規劃*

　　長期以來，計劃是西方研究中國政治經濟的一個盲點。大部分學者把「取消計劃」和「從計劃到市場的轉型」視為中國體制改革的基本路徑，因此很多論文在解釋中國經濟增長時，很少甚至不提及計劃的作用。[1] 對中國中長期規劃的普遍看法是，既無力應對複雜多變的經濟發展，對經濟增長也沒有實質影響，不過是政府所做的表面功夫。出於這些原因，西方學術界因此更願意關注市場化、監管、國企改革、民營企業和私有財產保護等話題。

---

* 　本章初稿題為〈中國政策過程的核心機制：規劃〉，發表於《開放時代》2008年第6期，由作者和麥爾登(Oliver K. Melton)合作完成。

1 　參閱Joseph C. H. Chai (ed.), *China: Transition to a Market Economy* (Oxford: Oxford University Press, 1998); Leong H. Liew, *The Chinese Economy in Transition: From Plan to Market* (London: Edward Elgar, 1997); Loren Brandt and Thomas G. Rawski (eds.), *China's Great Economic Transformation* (New York: Cambridge University Press, 2008); Huang Yasheng, *Capitalism with Chinese Characteristics* (Cambridge: Cambridge University Press, 2008); Barry Naughton, *The Chinese Economy: Transitions and Growth* (Cambridge, The MIT Press, 2007); Gregory C. Chow, *China's Economic Transformation* (Malden, MA: Blackwell, 2007).

　　跟主流研究相反，本章所要表述的觀點是「計劃在中國從未
消失」。特別是1993年以後，計劃的職能、內容、制定過程和方
法發生了根本轉變，新型計劃體制不但為市場發展和政府放權提
供了空間，同時也為行政部門和執政黨對經濟保有控制力提供了
保障。2005年計劃更名為規劃後，規劃更是成為制定各種公共政
策的主要手段。因此研究規劃體系，能讓我們更好地理解中國政
治體系中特有的中央和地方之間搖擺不定的互動關係，以及機構
權威和自治並存的複雜性。規劃在中國政治的運作過程中，是確
定政策優先順序的推動力；是政策調整的框架；是授予機構權力
的依據；是決定各級政府之間權力分配的關鍵。更重要的是，我
們將會在下文證明，規劃已經成為治理各種問題的核心機制。

1978–1993 計劃外的經濟增長

　　儘管中國目前中長期、跨區域和行業規劃隨處可見，但相應
的研究依然十分稀缺。[2] 只有個別非主流 (即沒有被廣泛閱讀和引
用) 的研究指出重塑計劃對中國經濟的發展速度和模式的重要
性，但這些研究大多沒有深入展開。[3]

　　目前更廣為接受的解釋是諾頓1995年所編著的《計劃外的增
長》一書 (*Growing Out of the Plan*)。該書指出，中國1980年代到

2　早年零星的相關研究，參閱 Barry Naughton, "China's Experience with Guidance Planning," *Journal of Comparative Economics*, Vol. 14, No. 4, pp. 743–767; Robert C. Hsü, "The Political Economy of Guidance Planning in Post-Mao China," *Review of World Economics*, Vol. 122, No. 2 (1986), pp. 382–394.

3　參閱 Chris Bramall, *Chinese Economic Development* (London: Routledge, 2009), pp. 473–474; Oliver Melton, "Understanding China's Five-year Plan: Planned Economy or Coor-dinated Chaos?," *China Insight Economics* (GaveKalDragonomics), November 9, 2010, pp. 1–19.

1990年代初的經濟增長主要來自計劃體制之外，當年隨着國有經濟發展停滯，指令性計劃範圍不斷縮小，體制外的民營經濟迅速成長，這種此消彼長的形勢一方面促進了市場經濟的形成，另一方面降低了計劃的重要性。[4] 這個解釋框架看到了當年一些舊的計劃元素消失，比如不計其數的指令性生產目標、實物供應、以及國家直接調撥物資，直接控制投資，信貸，價格和外貿等手段。這些過時的計劃經濟的元素確實隨着經濟體制改革逐漸減少甚至消失，但同時，中國政府自1993年以來，也不斷給計劃體系注入了一些新的元素，而這些新元素卻被《計劃外的增長》一書忽略了。如果將中國經濟增長完全歸結於計劃之外，那麼我們該如何解釋中國政府自改革開放以來從未間斷地推出「五年規(計)劃」這種行為呢？中國政府除了在經濟領域推出產業規劃之外，為什麼還在科技、環保、醫療、教育等非經濟領域不斷推出各種中長期規劃？

更為重要的，2003年以後，中國政府甚至加強了規劃的職能，並將規劃過程進一步制度化，提升了規劃在政策協調和政府監督中的作用。「十一五」(2006–2010) 和「十二五」(2011–2015) 期間甚至引進了新的指標類型(約束性指標)，用以加強黨對行政行為的約束，特別是在非經濟領域，比如環境保護和土地管理。[5] 另一個顯示規劃重要性增強的信號是溫家寶總理上任後所提出的「沒有規劃不批項目」。[6]

4　參閱 Barry Naughton, *Growing Out of the Plan: Chinese Economic Reform*, 1978–1993 (New York: Cambridge University Press, 1995).

5　田錦塵：〈規劃指標的設計與測算〉，《發展規劃的理論和實踐》(北京：清華大學出版社，2010)，第145–161頁。

6　這是溫家寶在2003–2004年間國務院內部會議上提出來的，雖然這一指令沒有公開發布，但在筆者的採訪中，規劃制定者多次提到這個指令，並認為這個指令提高了規劃的地位和作用。

中國1993年之後建立的新型發展規劃體系脫離了原有的蘇聯模式，轉向發現和發揮國內國際市場發展潛力。[7]1980年代中央政府推行權力下放，目的是為了調動地方積極性，促進各地相互學習交流進而推動政策創新，但這一舉措同時也削弱了中央對宏觀經濟的控制。為了緩解這對矛盾，以江澤民和朱鎔基為首的中央政府從1993年開始採取了一系列改革措施，建立起一個新型規劃體系，在保留市場靈活性的同時，鞏固中央權威。

新型規劃體系雖然處於市場經濟的環境中，但依然保留了計劃經濟最核心的國家職責，比如政府進行戰略協調（從預期性、長期性、綜合性的角度來確定經濟發展優先順序並對其進行協調）；主導資源調動（根據政策制定者對經濟和社會持續發展必要性的判斷，調動和集中有限的資源，對經濟結構進行調整）；實施宏觀調控（為了實現預定的發展目標，預防劇烈的經濟週期波動和遏制外部衝擊，國家控制主要經濟總量的增長和水平）。[8]除此之外，新型發展規劃還把規劃目標和幹部考核結合起來，目的是為了加強中央對地方的控制，要求地方跟中央決策保持一致。

轉變計劃職能

經過1980年代早期探索性的計劃體制改革和激烈的內部爭

7　李樸民、李冰：〈「九五」時期我國計劃體制改革回顧〉，《宏觀經濟研究》，2001年第2期，第24–26頁。

8　參閱 Michael P. Todaro and Stephen C. Smith, *Economic Development*, 10th edition (Harlow/London: Pearson, 2009), p. 518; Rakesh Mohanand Vandana Aggarwal, "Commands and Controls: Planning for Indian Industrial Development, 1951–1990," *Journal of Comparative Economics*, No. 14 (1990), p. 682；鍾契夫：《鍾契夫自選集》（北京：中國人民大學出版社，2007），第52–59頁；相偉：〈對十二五規劃編制的思考〉，《宏觀經濟管理》，2009年第1期，第40頁。

論，中央以部門為主分配資源的做法自1984年開始急劇減少。[9]
這種以指令性計劃為特徵的資源分配方式逐步被限制在一些國民
經濟命脈產業或具有戰略意義的經濟「制高點」領域內，在以市場
資源配置為主的消費品生產領域，指導性計劃逐漸取代了指令性
計劃。中央政府把指導性計劃解釋為一種過渡性的制度安排，所
提出的指標對國有企業沒有強制性，以此保證國有企業的自主
性，政府通過指導性計劃主要是控制經濟總量。[10] 從指令性向指
導性計劃的轉變使很多行業的年度計劃變成多餘，儘管計劃體制
改革很早就把提高中長期計劃的地位和作用設定為改革目標，但
是從毛時代流傳下來的年度計劃這一傳統卻無法打破，這種狀況
一直持續到1992年。[11]

　　1992年中共中央決定建設「社會主義市場經濟」。從那時起，
舊的計劃體系逐步被取代。首先中共中央於1993年秋季決定計劃
不再是市場的替代手段，要求計劃制定者相應地轉向「以市場為
基礎」，把國內外市場主要發展趨勢融入中長期計劃中，與市場
一起為市場作計劃。同時把計劃和財政，金融政策並列為國家宏
觀調控的三大手段，賦予計劃「綜合協調」和促進「總量平衡」的職
能。與以往專注於量化目標和指標不同，計劃制定者受命轉向宏

9　　參閱 Susumu Yabuki, *China's New Political Economy* (Boulder: Westview Press, 1995),
　　pp. 32–34；陳先主編：《計劃工作手冊》(北京：中國財政經濟出版社，1984)。

10　　參閱 Robert C. Hsü, "The Political Economy of Guidance Planning in Post-Mao China,"
　　Review of World Economics, Vol. 122, No. 2 (1986), p. 383; Barry Naughton, "China's
　　Experience with Guidance Planning," *Journal of Comparative Economics,* Vol. 14, No. 4
　　(1990), pp. 743–744；劉日新：《新中國經濟建設簡史》(北京：中央文獻出版社，
　　2006)，第145、347–349頁。

11　　參閱 Shi Qingqi, Yang Xiaobing and Huang Tianhua, "Changing Patterns of Development
　　Planning in China," in *Development Planning in Asia*, edited by Somsak Tambunlertchai and
　　S. P. Gupta (Kuala Lumpur: Asian and Pacific Development Centre, 1993)；桂世鏞、魏
　　禮群、鄭新立主編：《中國計劃體制改革》(北京：中國財政經濟出版社，1994)。

觀的、戰略性和政策性議題，不再直接給地方和企業下達指令。計劃要以市場導向的產業政策為手段，為經濟結構轉型提供宏觀指導。[12] 當時國家計委在一份關於計劃體制改革的報告中，把計劃協調的具體職能解釋為「保持社會總供求的平衡以及國民經濟重大比例關係的大體協調，為市場的公平競爭創造良好的外部環境，以彌補市場協調的不足」。[13]

在編制第九個五年國民經濟計劃（1995–2000）過程中，計劃制定者首次嘗試新的計劃方法。[14]「九五」計劃只提出了總目標，並把這個總目標稱為預測性的、指導性的，而不是強制性的。同時還解釋了轉變經濟結構的新方法和政策。除了很少幾個國家大型投資項目，「九五」計劃不再附帶政府投資項目的明細表，政府投資項目被列入年度計劃，投資數額改為每年具體協調。[15] 1998年「九五」還剩兩年，朱鎔基一上任，便取消了所有指令性目標。[16]

在編制第十個五年國民經濟計劃（2001–2005）期間，朱鎔基甚至提出了「政府不再是資源配置的主要力量」，應該通過市場信號和競爭來刺激經濟增長。計劃應該從設立量化的經濟增長目標轉向引導和協調社會和經濟的結構轉變和質的轉型，比如發展服

---

12 中共中央：〈關於建設社會主義市場經濟體制若干問題的決定〉，1993年11月14日通過，http://news.xinhuanet.com/zhengfu/2003-10/22/content_1136008.htm（2017年3月10日最後一次登入）；李朴民、李冰：〈「九五」時期我國計劃體制改革回顧〉，《宏觀經濟研究》，2001年第2期，第24–26頁。

13 桂世鏞、魏禮群、鄭新立主編：《中國計劃體制改革》（北京：中國財政經濟出版社，1994），第72–76頁。

14 陳錦華：《國事憶述》（北京：中國黨史出版社，2005）；李鵬：《市場與調控——李鵬經濟日記》（北京：新華出版社，2007）。

15 李鵬：第1206–1208頁。

16 常欣：〈第九個五年計劃的制定和實施〉，《中國十個五年計劃研究報告》（北京：人民出版社，2006），第658頁。

務業；提高內需；確保環境可持續性；促進城市化以及西部開發等等。[17]

2003年溫家寶接替朱鎔基任總理，中國政府的注意力從經濟結構問題轉向改善政府管理職能和提供公共服務等方面。與朱鎔基重市場輕計劃的態度相反，[18]溫家寶強調國家要對經濟、社會、科技和環境的發展進行長遠協調，並重新重用制定計劃的官員。在2003年11月召開的中共中央全會上，溫家寶提出了「五個統籌」的綱領性口號，以此概括執政黨重視「和諧」和「科學」發展的理念，強調政府協調發展的責任。對於解決城鄉之間、地區之間、社會和經濟、人和環境以及國內國際之間發展的不平衡，不應寄託於市場的自然演化過程。[19]

溫家寶提出的這五個統籌成為編制第十一個五年國民經濟規劃（2006–2010）的指導原則。除了五個統籌之外，「十一五」規劃對於國家和地方不同層次的規劃工作進行了改革。其次，「十一五」決定在「十五」中期評估的基礎上進行創新。這些創新的想法其實早在1990年代中期國家計委就有人提出，[20]當時正在編制

17　張卓元、路遙：〈第十個五年計劃的制定與實施〉，《中國十個五年計劃研究報告》（北京：人民出版社，2006），第665–667、674–677頁。

18　國家發改委官員認為朱鎔基一直削弱前國家計委的職權，自1950年代朱鎔基在國家計劃被打成右派之後，他再沒踏進過國家計委大樓一步，包括1993年到2003年主政國務院期間，國家計委／發改委官員對筆者如是說。

19　中共中央：〈關於完善社會主義市場經濟體制若干問題的決定〉，2003年10月14日通過，http://www.people.com.cn/GB/shizheng/1024/2145119.html（2017年3月16日最後一次登入）。

20　馬凱：〈「十一五規劃綱要」的編制過程和定位〉，《經濟日報》，2006年4月18日；胡鞍鋼、王亞華、鄢一龍：〈國家「十一五」規劃綱要實施進展評估報告〉，《宏觀經濟管理》，2008年第10期，第13–17頁；朱之鑫主編：《「十一五」規劃實施中期評估報告》（北京：中國人口出版社，2009）；徐林：〈規劃編制程序和評估制度〉，《發展規劃的理論和實踐》（北京：清華大學出版社，2010），第163–179頁。

「十五」，國家計委提議把「計劃」改為「規劃」，以區別於政府直接
決定資源配置的指令性計劃，但直到編制「十一五」期間，這個提
法才獲得政治決策層的首肯。[21]

「十一五」除了把計劃改為規劃之外，最重要的改變是擴大
了指標體系，除了已有的預測性指標，還引進了新的約束性指
標，到了「十二五」期間約束性指標進一步擴大適用範圍（見表
6.1）。與以往計劃經濟中的指令性指標不同，約束性指標被視作
「政府對社會的承諾」。約束的對象不是企業，而是各級政府，
特別是政府在提供公共服務、保護環境和土地使用等方面的行
為。[22] 這種用國家規劃約束地方政府行為的做法對黨管幹部是一
個挑戰。

表6.1 約束性指標和預期性指標一覽

	「十一五」規劃 （2006–2010）		「十二五」規劃 （2011–2015）	
經濟發展				
國內生產總值	年均增長7.5%	預期性	年均增長7%	預期性
人均國內生產總值	年均增長6.6%	預期性	無	
經濟結構				
服務業增加值比重	累計增長3 %	預期性	累計增長4 %	預期性
服務業就業比重	累計增長4 %	預期性	無	
研究和試驗發展經費支 出佔GDP比重	累計增長0.7 %	預期性	累計增長0.45 %	預期性
每萬人發明專利擁有量	無		累計增長1.6萬件	預期性
城鎮化率	累計增長4 %	預期性	累計增長4 %	預期性

21 在年度計劃中以及一些按照「傳統」方法制定計劃的部門，比如鐵路系統，依然
使用「計劃」這個舊術語。

22 楊偉民：〈我國規劃體制改革的任務及方向〉，《宏觀經濟管理》，2003年第4期，
第4–8頁；楊偉民主編：《發展規劃的理論和實踐》（北京：清華大學出版社，
2010）。

	「十一五」規劃 （2006-2010）		「十二五」規劃 （2011-2015）	
人口、資源、環境				
人口增長	年均增長 < 0.8%	約束性	年均增長 < 0.72%	約束性
單位國內生產總值能源消耗降低	累計減少 20%	約束性	累計減少 16%	約束性
單位國內生產總值二氧化碳排放降低	無		累計減少 17%	約束性
非石化能源佔一次能源消費比重（非再生能源）	無		累計增長 3.1%	約束性
單位工業增加值用水量降低	累計減少 30%	約束性	累計減少 30%	約束性
農業灌溉有效用水系數	累計提高 0.05	預期性	累計提高 0.03	預期性
工業固體廢物綜合利用率	累計增長 4.2%	預期性	無	
耕地保有量	累計減少 0.02 億公頃	約束性	不再減少	約束性
二氧化硫減少率	累計減少 10%	約束性	累計減少 8%	約束性
化學需氧量減少率	累計減少 10%	約束性	累計減少 8%	約束性
氨氮排放總量減少率	無		累計減少 10%	約束性
氮氧化物排放減少率	無		累計減少 10%	約束性
森林覆蓋率增長	累計增長 1.8%	約束性	累計增長 1.3%	約束性
森林蓄積量	無		累計增長 600 億立方米	約束性
公共服務，人民生活				
人均受教育年限	累計增長 0.5%（至 9 年）	預期性	無	
九年義務教育鞏固率	無		累計增長 3.3%	預期性
高中階段教育毛入學率	無		累計增長 4.5%	約束性
城鄉基本養老保險覆蓋人數	累計增加 0.49 億人	約束性	累計增加 1%	約束性
城鄉三項基本醫療保險參保率	無		累計增加 3%	約束性
城鎮保障性安居工程建設	無		累計增加 3,600 萬套	約束性
城鎮新增就業人數	累計增加 4,500 萬人	預期性	累計增加 4,500 萬人	預期性
轉移農業勞動率	累計增加 4,500 萬人	預期性	無	
城鎮登記失業率	低於 5%	預期性	低於 5%	預期性
城鎮居民人均可支配收入	累計增長 2,897 元	預期性	累計增長 7,701 元	預期性
農村居民人均純收入	累計增長 895 元	預期性	累計增長 2,411 元	預期性

資料來源：國務院：《中華人民共和國國民經濟和社會發展第十一個五年規劃綱要》，中國政府網，http://www.gov.cn/ztzl/2006-03/16/content_228841.htm（2013 年 1 月 6 日訪問）；《國民經濟和社會發展第十二個五年規劃綱要》，新華網，http://news.xinhuanet.com/politics/2011-03/16/c_121193916.htm（2013 年 1 月 7 日訪問）。

規劃層級

被稱為五年規劃的文件包括了前一年秋天中共中央批准的《規劃建議》和第二年春天人大通過的《規劃綱要》,這兩份文件的文字表述比較簡短和籠統,主要描述國家的主要任務和實現途徑。這兩份中央文件公布之後,國務院各部門和地方各級政府就紛紛開始各自制定具體實施的子規劃。通過制定各種子規劃,國家五年規劃被一步步細化,出台的各級文件累計超過上千份,形成了一個層層疊疊相互聯繫的政策網絡。這個網絡貫穿整個五年規劃實施期間,覆蓋中央各個部門、省(包括自治區、直轄市)和縣(包括縣級市)地方各級政府,因此與其把五年規劃看成一個完整統一的藍圖,不如把它設想成一個圍繞着規劃,不斷循環進行協調、評估、調整的政策過程。

除了五年規劃(又稱總體規劃)之外,國務院還可以組織編制專項規劃和區域規劃,[23] 與五年規劃一樣,國家專項規劃和區域規劃同樣是省(包括自治區和直轄市)、市縣級政府制定當地規劃的依據,其內容會被一級一級地複製到地方規劃中,並在各地方政府所編制的實施規劃中一步步完善和細化。這所謂的「三級三類規劃」(國家—省—市縣和總體—專項—區域)實際上構成一個相互交織龐大的規劃網絡,把中央各部門及地方各級政府的政策制定者全都包括進來,在中央所給定的框架內,各自決定自己管轄範圍內的政策優先順序,同時通過規劃協調中央與地方的發

---

23 國務院:〈國務院關於加強國民經濟和社會發展規劃編制工作的若干意見〉,2005年10月22日公布,http://www.gov.cn/zwgk/2005-10/26/content_84417.htm(2017年3月16日最後一次登入);楊偉民主編:《發展規劃的理論和實踐》(北京:清華大學出版社,2010)。

展目標和具體政策。[24] 雖然這些子規劃包含了比五年規劃更詳細的政策措施，但具體實施過程還要取決於實施細則、財政預算、具體實施者等因素，因此這些子規劃是把《規劃綱要》中所提出的宏觀目標落實到具體行政行為的重要中間環節。

區域規劃和專項規劃在研究中常常被忽略，實際上這兩類子規劃是各部門實現五年規劃所確定的宏觀目標最主要的手段。區域規劃是指跨省區的規劃，覆蓋範圍包括相鄰的省市，主要用來協調跨省區的發展目標，所以有別於地方規劃。專項規劃主要針對特定政策領域所編制規劃，這些特定政策領域往往是總體規劃中提出要加強或加快發展的領域。

1. 區域規劃

區域規劃有一個很實際的功用就是協調地方經濟發展，其中內容包括了向不發達地區轉移經濟發展成果，東部沿海發達地區之間的再分配，以及指導城鎮化和基建投資。在這個過程中，中央政府的具體工作是協調跨省區的規劃，審批和授權跨省區規劃以及城市群規劃。

在一個威權體制和「分級規劃和試驗」相交織的體系中，中央主動協調宏觀區域規劃，同時批准和授權跨省規劃，以及批准城市和跨城市規劃，這一過程常常是並列進行。這一做法背後的原因是為了統一地區利益和國家目標。自1980年代以來中央政府採取了各種做法來實現這個目標，最明顯的例子就是授權地方建立經濟開發區和高新技術區，或中央政府資助的宏觀區域規劃；[25]

24　楊偉民主編：2010；成思危：〈論中國社會主義市場經濟制度下的發展計劃〉，《公共管理學報》，2004年第2期，第4–11頁。

25　參閱 Susan L. Shirk, *The Political Logic of Economic Reform in China* (Berkeley: University of California Press, 1993); Yang Dali, *Beyond Beijing: Liberalization and the Regions in China* (London: Routledge, 1997).

2000年以後，中央則是與地方政府簽訂技術合作協議。[26]但是更全面地統一中央和地方發展政策的做法卻是在聯手出台方案、制定一系列宏觀區域、跨省規劃之後。[27]

編制區域規劃最早是從1990年代末開始的，當年中央政府通過出台西部大開發規劃，加大了對西部基建和一些發展瓶頸的投資。繼西部之後國務院又出台了以改造老工業基地為主的東北地區振興規劃、以發展世界一流產業和服務產業群為目標的長江三角洲區域規劃以及促進地區融合和加強產業分工合作的珠江三角洲區域規劃（香港澳門也包含在這個規劃內）等。西部開發和東北振興甚至上升為基本國策，中央政府為此成立了專門領導小組，負責協調工作的領導小組辦公室設在國家發改委內。這些規劃所提出的任務、目標和投資渠道各不相同，但都超過了單獨某個省區的範圍，因此中央政府的協調不可或缺。[28]

區域規劃實際上可以說是中央與地方之間達成的一種默契，是中央為實現規劃綱要所提出的目標，把一部分經濟管理權下放給地方，鼓勵地方嘗試新的發展舉措實現中央制定的目標。在規劃實施過程中，中央的財政撥款和直接投資起到了支持作用（在東北和中部地區）甚至決定性作用（比如對於西部開發）。對於經濟比較發達的長三角和珠三角地區，雖然對中央財政支持的需求不那麼迫切，但是地方政府仍然需要這類國家規劃作為「尚方寶劍」，[29]

---

26 參閱 Heilmann, Sebastian, Lea Shih and Andreas Hofem, "National Planning and Local Technology Zones: Experimental Governance in China's Torch Program," *The China Quarterly*, Vol. 216 (2013), pp. 896–919.

27 宏觀區域規劃的核心定義和原則參閱國家發改委宏觀經濟研究院 (AMR)：〈我國主體功能區〉，《宏觀經濟管理》，2007年第4期，第3–10頁。1990年代也曾試圖跨省協調基礎設施投資和發展政策，但是都以失敗告終。參閱杜平：〈區域規劃的演變與展望〉，《發展規劃的理論和實踐》（北京：清華大學出版社，2010），第79–97頁。

28 Jae Ho Chung, Hongyi Lai and Jang-Hwan Joo, "Assessing the 'Revive the Northeast' Programme: Origins, Policies and Implementation," *The China Quarterly*, No. 197 (2009), pp. 108–125.

29 2009年和2011年在廣州和深圳對當地規劃制定者的訪談。

表示中央承認地方享有先斬後奏的行政自由裁量權。地方發起的
改革通過區域規劃被納入國家項目，比如連接重慶、成都和東部
地區的重大基建投資；或者需要中央協調的監管，比如上海和廣
東所追求的金融中心地位，也寫進了相應的區域規劃中，以此保
證資源和金融企業集中在這兩個地方。

表6.2　區域規劃及其所包含的試點方案

規劃	國務院授權的分散試點（選摘）
〈西部大開發「十一五」規劃〉 （2007年3月批准實施）	• 西部地區循環經濟試點 • 建設一批現代農業科技推廣示範基地 • 建設西（安）咸（陽）經濟一體化示範區 • 西部地區人才市場建設示範項目
〈東北地區振興規劃〉 （2007年8月批准實施）	• 新型工業化綜合配套改革實驗區 • 資源型城市經濟轉型試點 • 循環經濟試點 • 擴大中小企業貸款試點
〈珠江三角洲地區改革發展 規劃綱要（2008–2020）〉 （2009年1月批准實施）	規劃包含了24個授權試點的方案，其中有： • 政府機構改革和政府投資改革試點 • 建立金融改革創新綜合試驗區 • 建立產學研合作綜合示範企業和基地 • 統籌城鄉發展綜合改革試點，土地管理改革試點 • 公共醫院改革試點
〈長江三角洲地區區域規劃〉 （2010年5月批准實施）	規劃包含了25個授權試點的方案，其中有： • 推進上海國家級信息化與工業化融合試驗區建設 • 設立蘇州城鄉一體化發展示範區 • 開展環境稅試點，探索開徵物業稅，創新出口 　退稅負擔機制 • 設立區域發展促進基金，主要用於跨省市基礎 　設施建設、生態建設和環境治理等方面 • 開展區域生態環境補償機制試點，開展低碳經 　濟試點 • 促進台州和溫州，建成民營經濟創新示範區
〈促進中部地區崛起規劃〉 （2010年8月批准實施）	規劃包含了14個授權試點的方案，其中有： • 土地管理試點 • 重點流域實施生態補償機制試點 • 公立醫院改革和養老保險試點 • 煤炭工業可持續發展政策試點和煤炭資源有償 　使用制度改革試點 • 鼓勵晉陝豫黃河金三角地區突破行政界限，開 　展區域協調發展試驗

資料來源：區域規劃引自國家發改委網站，試點方案摘自規劃內涉及試點、試
　　　　　驗和示範的內容。

在筆者與地方規劃制定者的訪談中，他們明確表示，這類中央授權的區域發展規劃是一種有文件依據的政策資本，具有比五年國民經濟和社會發展規劃甚至國家法律法規更大的靈活性。這些規劃甚至被當作「管紅頭文件的文件」，為地方政府提供了政策保障以及「先試先行」的權力。[30]

因為中央政府指定重慶市為西部大開發的多功能的「龍頭」（作為交通，教育，科技等樞紐），因此它得益於中央政府廣泛的政策授權和為改造三峽大壩區域所提供的資金，以及作為統籌城鄉配套改革兩個國家試驗區之一（2007年6月起）的優惠政策。這兩個試驗區是為了解決戶口改革中的棘手問題而設立的，並為全國戶口改革提供參考。[31] 珠江三角洲的規劃則與重慶相反，是由珠江沿岸幾個省區倡議下制定的，珠江流域包括了中國出口經濟的核心地區和11個經濟發展極為懸殊的行政管轄區（包括了深圳、香港和澳門）。

引人注目的是，在起草《成渝經濟區域規劃》（包括成都和重慶）以及《珠江三角洲改革發展規劃綱要》（包括廣東及港澳）的過程中，北京派了由國家發改委帶隊的代表團到當地，主導了整個文件起草過程。地方政府只是提供政策建議、統計數據和調研結果，當然規劃起草過程中，國家發改委的起草小組也多次徵求地方政府的意見，但是跨省區的發展戰略（包括珠三角地區的港澳地區）最終還由北京來規劃，畢竟這個任務超過了地方政府的權限。雖然廣東省政府作為珠三角區域規劃發起者之一有自己的考量，但國

30　2010年在廣東省發展研究中心的訪談。

31　與國家發改委和重慶市發改委官員的訪談；吳紅纓：〈綜改成重慶「兩會」重中之重〉，《21世紀經濟報道》，2009年1月10日；國務院：〈關於推進重慶市統籌城鄉改革和發展的意見〉，2009年2月5日頒布，http://www.gov.cn/zwgk/2009-02/05/content_1222355.htm（2017年3月10日最後一次登入）。

家發改委強調，珠三角區域規劃主要是為了促進珠三角區域內各行政區之間（包括港澳）有效分工以及在未來行政和監管融合。[32]

在國務院領導下，國家發改委地區司與地方政府合作，把區域規劃和地方試點結合起來，建立了一個「多層次試點」的模式。[33] 這樣做的好處是把中央規劃和地方積極性結合起來，「推進地區探索不同的發展模式，同時避免重複建設帶來的資源浪費」。中央牽頭編制區域規劃，實際上是中央和地方形成的一種默契，即中央通過授予地方政府一定的政策制定權，以換取他們對國家發展目標的認同以及對中央政府戰略協調的配合。[34]

雖然北京的規劃者把地方試點視為糾正和優化規劃的工具，但地方決策者更傾向於將區域規劃用來擴大其調整政策的餘地並同時提升與中央政府的關係。由此可見，設立試驗區實際上形成了中央和地方之間的一種契約機制，服務於國家發改委技術官僚和地方政策制定者不同的目的。北京有意給地方留出這樣的餘地，明確核心目標和指標，鼓勵地方為解決政策難題展開試驗和相互競爭。1993年中央所頒布的關於建設社會主義市場經濟的文件中，其中第三條指出「積極探索，敢於試驗」；「重大的改革舉措⋯⋯有的先在局部試驗，取得經驗後再推廣」。[35]

總之，中國的區域規劃具有多重功能。最根本的是，它們構建了一個中長期區域發展戰略框架，使中央和地方決策者能一同

32　2009年和2011年跟國家發改委、廣東發改委和深圳市政府官員的訪談。

33　彭森：〈多層次改革試點格局基本形成〉，新華社，2010年6月7日，http://news.xinhuanet.com/politics/2010-06/07/c_12192753.htm（2017年3月10日最後一次登入）。

34　Jae Ho Chung, Hongyi Lai and Jang-Hwan Joo: "Assessing the 'Revive the Northeast' Programme: Origins, Policies and Implementation," *The China Quarterly*, No. 197 (2009), p. 125.

35　中共中央：〈關於建設社會主義市場經濟體制若干問題的決定〉，1993年11月14日通過，http://news.xinhuanet.com/zhengfu/2003-10/22/content_1136008.htm（2017年3月10日最後一次登入）。

協調基礎建設投資和產業政策。區域規劃還為地方官員創造了一個政策空間，以便他們根據當地資源和條件，創造性地解決問題。如果地方政策試驗取得成功，就能推廣到全國適應更大範圍的挑戰。由此可見，區域規劃既保障了中長期政策目標的穩定性，也提供了調整和創新政策的靈活性。

2. 專項規劃

專項規劃主要是用於協調跨部門跨政府的投資、監管以及政府行動。[36] 由於專項規劃是圍繞某個主題而不是某個部門，所以參與的部門往往不止一家，其中某個部門則負責牽頭。那些時間跨度超過五年的專項規劃，往往意味着國家對某個項目長期穩定的支持，這對獲取資源和加快審批可能起到關鍵作用。跟其他規劃類似，專項規劃也是分層實施，而不是由中央政府統一執行，這種政策過程允許把執行設計授權給各級地方政府及中央各部委，鼓勵進行分散的政策試驗。

根據國務院2005年對規劃編制工作的解釋，國家級專項規劃原則上限於關係國民經濟和社會發展大局，需要國務院審批和核准的重大項目以及安排國家投資數額較大的領域，這些領域包括基礎設施建設如農業、水利、能源、交通、通信；重要資源的開發保護如土地、水、海洋、煤炭、石油、天然氣；公共事業如生態建設、環境保護、防災減災，科技、教育、文化、衛生、社會保障、國防建設；以及需要政府扶持或者調控的產業。[37]

36　朱寶芝：〈國家專項規劃的編制與管理〉，《發展規劃的理論和實踐》（北京：清華大學出版社，2010），第199–209頁。

37　國務院：〈國務院關於加強國民經濟和社會發展規劃編制工作的若干意見〉，2005年10月26日公布，http://www.gov.cn/zwgk/2005-10/26/content_84417.htm（2017年3月14日最後一次登入）。

根據我們粗略統計，「十一五」期間，國家各部委共出台了一百六十多項專項規劃，很多是「十一五」規劃後半段才出台的，同時各級政府也出台了幾十個當地的專項規劃。[38] 國家和地方的專項規劃無論適用範圍還是性質彼此差異很大，即使在國家專項規劃之間，也是多種多樣：其中既有為數眾多的行業規劃，比如涉及藥品、食品加工、化學製品、水泥和紡織行業；也有涉及範圍更廣規劃週期更長的產業發展規劃，比如造船業、煉油業等；更為廣泛的專項規劃是某個需要政府指導的領域，比如科技、節能、再生能源等；或者需要政府長期協調的領域，比如鐵路和高速公路網的建設、地區電網基建；以及涉及改善公共服務質量的，比如減災、教育、保護文物等。

下面我們將用「十一五」規劃所提出的節能減排目標這個例子，來考察規劃過程中各種規劃如何相互銜接相互適應，以及激勵機制、調整機制以及分散決策機制如何推動整個規劃過程。我們之所以選擇節能減排作為案例研究，是因為它將會是一個長期的政策關注點（比如「十二五」規劃也制定了新的節能減排目標），同時這個政策領域也體現了中國政府所追求的從單純關注經濟增長到提高治理和公共服務的職能轉變。從這個例子也可以看出，哪些國家政策可以成功超越其他誘惑（比如地方官員對經濟增長和稅收的執着追求），這對中國分散執行政策的體系是一個嚴峻挑戰。由於節能減排其中一個很重要的部分是由一千家企業來執行，國家所設定目標如何通過規劃體系轉變成為企業行為，這將是我們關注的一個重點。同時，無論是政府自己的內部評估和第

---

38 該統計根據國家發改委網站所公布的「十一五」國家專項規劃及地方專項，詳見 http://www.sdpc.gov.cn/fzgh/ghwb/115zxgh/default.htm（2013年1月21日最後一次登入，現已失效）。

三方的專家評估都認為，節能減排是「十一五」規劃中實施最成功的一項目標。[39] 儘管節能減排還有很多方面不盡如人意，但是「十一五」規劃開創了一個先例。

3. 案例分析：「十一五」規劃的節能減排行動 [40]

2000年到2005年中國經歷了一次驚人的能源消費暴增之後，中國領導人規劃了一個雄心勃勃的全國節能減排行動，[41] 把單位GDP能耗降低20% 列入「十一五」八個「約束性」指標之一，同時作為幹部考核的內容之一。[42]「十二五」期間中國政府繼續承諾降低單位GDP能耗16%。[43]

實際上第一個提出節能減排是2004年國務院公布的《能源中

39　國務院：〈國民經濟和社會發展第十二個五年規劃綱要〉，2011年3月16日公布，http://news.xinhuanet.com/politics/2011-03/16/c_121193916.htm（2017年3月10日最後一次登入）；Yao Rosealea and Arthur Kroeber, "Energy Efficiency: Damned Statistics," *China Economic Quarterly*, Vol. 14, No. 3 (2010), pp. 6–8; Levine et al., "Assessment of China's Energy-Saving and Emission-Reduction Accomplishments and Opportunities During the 11th Five-year Plan," last modified April 2010, https://china.lbl.gov/sites/all/files/lbl-3385e-11fyp-accomplishments-assessmentapril-2010.pdf（2017年3月10日最後一次登入）.

40　該案例摘自 Oliver Melton, "Understanding China's Five-year Plan: Planned Economy or Coordinated Chaos?," *China Insight Economics* (GaveKalDragonomics), November 9, 2010, pp. 1–19.

41　參閱 Levine et al., p. 8; 趙曉輝：〈中國推行嚴格的節能減排問責制〉，新華網，2007年4月28日（2017年3月17日最後一次登入）。

42　國務院：〈中華人民共和國國民經濟和社會發展第十一個五年規劃綱要〉，2006年3月16日公布，http://www.gov.cn/ztzl/2006-03/16/content_228841.htm（2017年3月11日最後一次登入）；國務院：〈國務院關於落實《中華人民共和國國民經濟和社會發展第十一個五年規劃綱要》主要目標和任務工作分工的通知〉，2006年8月24日公布，http://www.gov.cn/gongbao/content/2006/content_413969.htm（2017年3月11日最後一次登入）。

43　國務院：〈國民經濟和社會發展第十二個五年規劃綱要〉，2011年3月16日公布，http://news.xinhuanet.com/politics/2011-03/16/c_121193916.htm（2017年3月11日最後一次登入）。

長期發展規劃綱要》（以下簡稱《能源綱要》），[44]《「十一五」規劃
綱要》比《能源綱要》晚出台15個月，是在《能源綱要》基礎上提出
節能減排目標的。[45]《「十一五」規劃綱要》裏列出了約束性節能減
排指標以及十項重大節能項目，涉及建築節能標準和改造燃煤設
施等方面，[46]然而這十個重大節能項目的具體實施方案是幾年後
才逐漸成形的。另外，《「十一五」規劃綱要》只提出了目標，卻
沒有說明節能減排行動從什麼時候開始。嚴格說來，「十一五」開
始前一年，隨着《能源綱要》出台，節能減排行動就已經開始了。
再者，《「十一五」規劃綱要》也沒有提出一個實現目標的實施方
案，很多具體措施是在「十一五」開始兩三年之後才陸續出台的。
因此，我們把《「十一五」規劃綱要》2006年所提出的建議和目標
看成一個標誌，標誌着一個週期為五年，逐步展開的政策過程的
起點。

　　在眾多「十一五」節能減排執行方案中，有一個千家企業行動
方案，這個方案是根據2003年山東省所進行的節能減排試驗制定
的。山東的試驗是政府單獨跟每一個企業簽合約實現節能減排的
目標，這個過程中，政府補償企業由此產生的費用並跟蹤評估企
業節能行動。[47]由於山東的試驗成效顯著，這種政府指導企業減
排的方式於是被寫進了《能源規劃》，之後「十一五」也吸收了這種
方式。[48]《「十一五」規劃綱要》頒布後一個月，國務院公布了一個

44　國家發展改革委員會：〈節能中長期專項規劃〉，2005年7月11日公布，http://
　　www.sdpc.gov.cn/fzgggz/hjbh/jnjs/200507/t20050711_45823.html（2017年3月11日最
　　後一次登入）。

45　參閱Levine et al., pp. 15–16.

46　參閱注釋42。

47　參閱Levine et al., p. 59.

48　參閱Levine et al., p. 59；國家發展改革委員會：〈節能中長期專項規劃〉。

將節能減排指標分解給一千家能源消耗最多的企業的行動方案，
作為地方和國家官員實現減排目標的措施之一。

這個行動方案由一個設在國家發改委節能和環保司的領導機
構負責協調起草，之後以國家能源領導小組、國家統計局、國資
委和國家質檢局的名義聯合發布。[49]這是建立跨部門協調機制關
鍵的第一步，因為隨着這個聯合指令自上而下傳遞，各級政府也
會形成一個對應的聯合工作機制，協調不同部門共同監督當地的
企業行動。這種地方政府模仿上級政府行為的過程會在全國範圍
內重複成百上千次。

這份行動方案列出了一千家參與節能減排的企業以及他們節
能的目標，並給參與的各部門各自分派了一個明確的角色：國家
統計局受命建立一套廣泛的統計匯報系統，省和直轄市政府被要
求建立適合當地的監管程序，國資委則要為央企建立一套監督和
評估體系等等。[50] 2006年8月國務院又發布了一份有關節能的決
議，進一步闡明了一些任務和責任。[51]同年9月份，國務院發布
了另一份文件，詳細說明了各個省的節能減排目標，[52]這是中央
跟省一級政府經過長期談判所達成的結果。為了解決之前節能成
效不佳的問題，這次不但設立具體的節能目標和引進監督機制，

49　國家質檢總局：〈關於貫徹落實「千家企業節能行動實施方案」的通知〉，2006年4
　　月26日公布，http://www.chinabaike.com/law/zy/bw/gwy/zl/1373103.html（2017年3
　　月11日最後一次登入）；國家發展改革委員會：〈關於印發千家企業節能行動實
　　施方案的通知〉，2006年4月7日公布，http://hzs.ndrc.gov.cn/newzwxx/200604/
　　t20060413_66111.html（2017年3月11日最後一次登入）。

50　國家發展改革委員會：〈節能中長期專項規〉；國務院：〈國務院關於加強節能工
　　作的決定〉，2006年8月23日公布，http://www.gov.cn/zwgk/2006-08/23/
　　content_368136.htm（2017年3月11日最後一次登入）。

51　國務院：〈國務院關於加強節能工作的決定〉。

52　國務院：〈國務院關於「十一五」期間各地區單位生產總值能源消耗降低指標計劃
　　的批覆〉，2006年9月17日簽發，http://www.gov.cn/gongbao/content/2006/
　　content_443285.htm（2017年3月11日最後一次登入）。

同時還把節能減排列入到對地方官員的政績考核中。[53]

　　與此同時，各省政府着手制訂了本省實施規劃，把分配給他們的節能減排目標再次分解。比如廣東省在2006年11月公布了一個整體達標方案（減少16%）和一個企業實施方案，這個企業實施方案是針對國務院所指定的一千家企業中位於廣東省境內的27家企業。[54] 除此之外，廣東省政府還出台了一個省級千家企業行動方案（最初只有625家企業參加，2008年調整為918家），這實際上複製中央的做法，即把節能減排目標，幹部考核和落實責任在省內層層分解下達，最後由企業駐地的市政府和鄉政府監督企業實現節能減排目標。[55] 2008年12月，廣東公布了一個調整方案，對

53　國務院：〈國務院批轉節能減排統計監測及考核實施方案和辦法的通知〉，2007年11月23日公布，http://www.gov.cn/zwgk/2007-11/23/content_813617.htm（2017年3月11日最後一次登入）；廣東省人民政府辦公廳：〈印發廣東省單位GDP能耗考核體系實施方案的通知〉，2008年4月7日公布，http://zwgk.gd.gov.cn/006939748/200909/t20090915_9506.html（2017年3月11日最後一次登入）。

54　廣東省人民政府和廣東省經濟貿易委員會為了落實國務院加強節能工作的的決定，實現降低單位GDP能耗16%的目標，先後出台了兩份文件，並在廣東開展千家企業節能行動。詳見廣東省人民政府：〈關於進一步加強廣東省節能工作的意見〉，2006年11月22日公布，http://zwgk.gd.gov.cn/006939748/200909/t20090915_8944.html（2017年3月17日最後一次登入）；廣東省經濟貿易委員會：〈關於印發廣東省重點耗能企業「雙千節能行動」實施方案的通知〉，2006年11月24日公布，http://www.gdei.gov.cn/zwgk/tzgg/2006/200612/t20061205_54132.html（2017年3月17日最後一次登入）。廣東省人民政府發布的另一份文件則包括了廣東省實施國務院節能減排綜合性工作的具體實施方案，詳見廣東省人民政府：〈印發廣東省節能減排綜合性工作方案的通知〉，2007年6月19日公布，http://www.gd.gov.cn/govpub/zfwj/zfxxgk/gfxwj/yf/200809/t20080916_67024.htm（2017年3月17日最後一次登入）；國務院：〈關於印發節能減排綜合性工作方案的通知〉，2007年6月3日公布，http://www.gov.cn/jrzg/2007-06/03/content_634545.htm（2017年3月17日最後一次登入）。

55　廣東省經濟貿易委員會2008年所發布的文件列出了位於廣東省境內參與節能減排行動所有企業的名單，省政府和各市縣政府所監督的企業名單。廣東省經濟貿易委員會：〈關於調整廣東省千家企業節能行動企業名單及進一步加強節能監管的通知〉，2008年8月26日公布，http://www.gdei.gov.cn/ywfl/jnhxhjj/201507/t20150709_117774.htm（2017年3月11日最後一次登入）。

各市區節能減排目標和基層官員考核的標準進行了調整修訂。[56]

　　經過一層層的分解指標，到了2007年初，也就是國家節能減排指標公布一年之後，遍佈全國各地的一千家企業接到了所分配的任務；保證完成這項任務的責任制也被層層落實到各級政府部門，各級官員也被告知他們的考核內容。儘管如此，執行過程仍會有很多細節問題，比如對新的投資項目的能源標準在2007年才公布；[57] 統計匯報和檢測能源消耗的程序在2007年到2008年之間才確定；[58] 對企業完成任務的財政獎勵措施也相繼陸續出台。

　　到了2008年底「十一五」實施過半的時候，中期評估開始了。中央政府、省政府和市政府才剛剛出台了基本的執行政策的工具，有很多甚至還在籌備中或在2009年和2010年不得不進行修改。儘管如此，節能減排無論是從整體執行結果來看，還是從一千家企業實現目標來看，成就都引人注目，第三方專家也證實了這個成果。勞倫斯—柏克萊國家實驗室 (Lawrence Berkeley

---

56　〈粵21地市簽訂節能「軍令狀」降耗目標將納入政績考核〉，南方網，2006年12月15日，http://www.southcn.com/news/gdnews/nanyuedadi/200612150699.htm（2017年3月11日最後一次登入）；廣東省人民政府：〈關於印發廣東省「十一五」期間單位生產總值能源消耗降低指標計劃分解方案的通知〉，2006年12月7日公布，http://www.pkulaw.cn/fulltext_form.aspx?Db=lar&Gid=16895348（2017年3月11日最後一次登入）；廣東省人民政府辦公廳：〈印發廣東省單位GDP能耗考核體系實施方案的通知〉，2008年4月7日公布，http://zwgk.gd.gov.cn/006939748/200909/t20090915_9506.html（2017年3月11日最後一次登入）。

57　國家發展改革委員會：〈關於加強固定資產投資項目節能評估和審查工作的通知〉，2006年12月12日公布，http://www.ncjnjc.org/Article/jnps/201107/108.shtml（2017年3月11日最後一次登入）；國家發展和改革委員會：〈關於印發固定資產投資項目節能評估和審查指南 (2006) 的通知〉，2007年1月12日公布，http://www.sdpc.gov.cn/zwfwzx/tztg/200701/t20070112_110731.html（2017年3月11日最後一次登入）。

58　國務院：〈國務院批轉節能減排統計監測及考核實施方案和辦法的通知〉，2007年11月23日公布，http://www.gov.cn/zwgk/2007-11/23/content_813617.htm（2017年3月11日最後一次登入）。

National Laboratory）的研究報告顯示，2007年到2008年之間各類實施方案出台後，能源消耗急劇減少，節約效果明顯，到2008年底，「十一五」所提出的的節能減排目標已有三分之一實現。2009年到2010年這個趨勢似乎還在持續，20%目標將會基本實現。在各種實施方案中，千家企業的行動方案效果最顯著，「十一五」的頭三年就完成了95%的目標。[59]

　　如上文所描述，節能行動在「十一五」期間儘管初期問題很多，實施過程也不是一帆風順，但最後卻實現了既定目標。取得這樣的成就主要有兩個原因：首先是領導高度重視，這讓節能減排成為各項規劃指標的重中之重。溫家寶曾多次表達了對這項工作的重視，即使在2008年到2009年之間的金融危機期間，溫家寶依然強調這點。上層的重視對於基層幹部來說無疑在釋放一種信號，表示如果在這項工作上表現不佳，今後的晉升之路將會變得坎坷，地方幹部為追求經濟增長而不惜犧牲其他政策目標的偏差行為因此也會有所收斂。其次，節能減排的規劃廣泛而全面，並且做到了協調一致、調整靈活。具體措施也是經過試點成功後，才在全國範圍推廣和複製。為了更好地分析和評估政策執行效果，規劃過程還努力提高國家收集信息能力，發現政策執行的有效策略，及時調整政策目標，改進政策執行的激勵機制。然而我們也發現，這種成功的經驗在中國只局限在上級高度重視的領域，而這些領域往往有限，不受重視的領域則可能在低一級政府執行過程中不了了之。

　　從這個案例還可以看到中國規劃體制的一個特點，即鼓勵政策實施者從幹中學這個過程雖然結果很有成效，但過程卻很混

59　參閱 Levine et al.; Yao and Kroeber, pp. 6–8.

亂。比如政策實施的最初階段主要是試驗，評估和協調機制是在
試驗成功推廣之後才形成的。許多節能方案也因地方官員反對
（比如關閉技術落後的工廠）而無疾而終。有關規劃責任和任務分
配的談判不斷遭到來自北京的施壓。種種這些混亂的現象難免讓
人對規劃的作用有所質疑，即便最後成功地實現了既定目標，也
難以打消人們的疑問。

規劃過程

目前對規劃過程的研究大多集中於起草階段，其他階段則很
少涉及。[60] 我們發現，黨和國務院的高層領導以及他們的調研隊
伍位居整個規劃過程的最頂端，但真正辦公的地點卻在國家發改
委各司局裏，他們審批和監督到市一級的地方戰略規劃，管理重
大投資項目，幾乎對每件宏觀經濟事務都擁有發言權。在地方上
也是如此，省發改委和市發改委也是負責牽頭起草、實施和評估
所在轄區的發展規劃。省發改委監督市發改委的工作猶如國家發
改委對省發改委一般，儘管如此，許多地方大型投資項目，包括
長期規劃，依然要送往北京審批，有時甚至要經過國務院審批。

規劃進入實施階段後，目標和任務被分派給下一級政府和
國務院各部門，他們再各自起草詳細的實施計劃並負責具體執
行。各部門之間的協調主要由跨部門組成的領導小組負責，中
央一級的領導小組一般由國務委員擔任組長，領導小組的辦公室

60　王亞華、鄢一龍：〈十個五年計劃的制定過程與決策機制〉，《宏觀經濟管理》，
　　2007年第5期，第67–70頁；Barry Naughton, "The New Common Economic Program:
　　China's Eleventh Five-year Plan and What It Means," *China Leadership Monitor*, No. 16
　　(2006).

則大多設在國家發改委內，這實際上賦予了國家發改委設置議程的權力。

省政府和市政府會模仿中央的做法：由副省長或副市長擔任某項工作的領導小組或工作委員會負責人，領導小組或工作委員會的辦公室則設在當地的發改委內，比如廣東省在2006年啟動本省的「十一五」規劃後，省政府決定由省發改委負責實施51個專項規劃中的15個規劃，同時協助其他專項規劃的實施工作。這種分工賦予了國家和地方發改委高於同級政府其他部門的權力，特別是在政策設計、監督和評估過程。具體的政策實施則由其他的政府部門負責，他們常常會接到眾多上級規劃所指派的一堆任務。

下面我們將以五年規劃為主，詳細考察整個規劃過程及其特點。

1. 五年規劃的週期

五年規劃實際上是一個周而復始的過程，從收集信息、分析研究、起草文件、組織實施、到評估和修訂規劃，每五年就會重複這些步驟。五年規劃的起草準備工作在新規劃正式啟動前兩年就開始了，一直持續到前一個五年規劃的最後幾個月，中央委員會在中央全會上批准新的《規劃建議》為止。在起草階段，地方政府和國務院各部委都為會為規劃收集和提供信息和數據，資深的官員則負責協調這些工作。[61]

61　由中共中央批准通過的《規劃建議》發布後，省、市一級的黨委會相繼發布類似的針對當地發展的《規劃建議》。但是《規劃綱要》發布的順序則剛好相反：首先是市級發布本地的《規劃綱要》，然後是省級，最後才是國家級的《規劃綱要》。國家級的《規劃綱要》需要經過全國人民代表大會審議通過，而全國人代會一般固定每年3月份召開。這種先下後上的《規劃綱要》發布順序常常導致地方人大通過的《規劃綱要》與全國人大通過的《規劃綱要》相矛盾，地方規劃所設定的目標因此有可能被國家規劃取而代之。

表6.3「十一五」規劃過程的周期

	政治決策	行政規劃
2002	10月開始,新一屆的黨和國家領導人上任, 繼續完成「十五」計劃(2001–2005)所確定的工作重心。	
2003	7月:國務院指示國家發改委開始起草「十一五」規劃(2006–2010)。	9月:國家發改委徵求公眾和研究機構思路,確定新計劃的議題。
2004	政治局和中央財經領導小組確定下一個五年的核心任務和挑戰。	年底,中央財經領導小組辦公室和國家發改委為新的五年規劃徵集22個主題研究報告。
2005	2月,「十一五規劃建議」起草小組成立,由總理領導,小組成員超過50人,其中包括國務院各部門和地方政府的主要決策者,經濟專家等;從2月到6月:起草小組召開八次全體會議。	2月到6月:中央財經領導小組辦公室/國家發改委根據起草小組會議決議起草《規劃建議》。
	6月/7月:國務院黨組討論和通過起草建議。	
	7月:中共中央辦公廳將《「十一五」規劃建議》徵求意見稿發給上百家黨內外機構,徵求意見。	
	7月:中央書記處召開座談會,徵求黨外和個人的意見。	
	8月:黨的最高領導到地方調研,聽取對《規劃建議》的意見。	7月到10月:中央財經領導小組辦公室/國家發改委將所徵求的意見和意見寫進《規劃建議》。
	10月:中央委員會全會通過和發布新的五年規劃建議。	10月底,國務院要求把中央的規劃建議轉化為更詳細的政府文件;國家發改委成立37人專家諮詢小組。
		10月到12月:國家發改委徵求公眾對新規劃的意見,國務院各部門補充新內容。
2006	2月:國務院連續召開五天會議,討論新五年規劃最後的定稿;聽取國企、民企和農民代表的意見和建議。	
	3月:人大通過新的《五年規劃綱要》(2006–2010)。	7月:國家發改委召開全國「十一五」規劃會議,佈置實施工作,準備起草專項規劃和區域規劃。
2007	11月開始:中共中央和國務院改組,最高領導留任。	
2008		年底:國家發改委公布「十一五」中期評估報告。
	國家發改委授命開始準備下一個五年規劃,由於爆發世界金融危機,不確定因素增加,起草工作暫緩。	

資料來源:新聞報道和筆者跟發改委官員的訪談

　　中共中央的《規劃建議》一般是在秋天批准並公布，之後國務院要求國家發改委根據《規劃建議》起草《規劃綱要》，在第二年的3月份遞交全國人大會議審議。全國人大審議通過後的那幾個月裏，國家各部委，各省市政府則根據《規劃綱要》制定公布一系列實施規劃，這些實施規劃為具體實施《規劃綱要》提供了初步的細節，儘管如此，這些實施規劃依然很籠統。所以國家各部委以及各級地方政府、發改委等之後繼續會以《決定》、《意見》、《方案》、《細則》和《方法》等形式發布一連串文件，指導規劃的具體實施和協調工作。這些文件的內容包括任命負責協調、實施、監督和評估的部門，根據各地實際情況所確定的任務，並對如何評估和衡量工作進程提供初步的指導。各部門接到任務後，會再制定一系列「工作方案」和「實施方案」，進一步詳細說明本部門將如何實現規劃目標。這些「工作方案」可能需要一到兩年才能出台，其中有很多措施是根據政策試驗或地方自主創新的經驗制定而成的。

　　五年規劃實施到了第三年，各級政府都會開始對規劃進行中期評估和調整目標。這個過程可能貫穿規劃最後兩年：比如「十一五」規劃的中期評估從2008年年中開始，調整和修訂政策則持續到2010年。這樣，規劃的中期評估跟下一個五年規劃的起草準備實際上時間重疊，新一輪的規劃週期因此展開。

2. 規劃過程的交叉自治

　　參加起草黨的《規劃建議》和國務院的《規劃綱要》的主體之間形成了一個緊密的人際網絡，這個網絡包括了高層的決策者如國務院總理和負責經濟工作的副總理，以及輔助他們進行決策的各種機構及個人。這些機構和個人主要來自中央財經領導小組辦公室及活躍在其周圍的智囊、國家發改委各司局、部委所屬的部分研究機構、以及一群經過精心挑選出來的、有名望的經濟學家和顧問。這個網絡的成員大都是技術官僚出身，跟行業、地方及

部門等利益團體沒有直接的業務關連；與此同時，他們通過政策諮詢或內部的討論能獲取大量第一手信息。這樣的主體關係無異於「交叉自治」(embedded autonomy) 的模式。[62]

從1980年代中期起草第七個五年計劃開始，到1990年代中後期，中國的規劃過程變得更加兼容、更多協商，除了直接利益相關人之外，國內外的相關專家也被吸收到規劃中。到了「十一五」規劃制定的時候這個趨勢更加顯現，之前的規劃主要是依據各部門和各行業所提供的建議稿制定的，從「十一五」開始，規劃起草吸收了更加廣泛的公開的研究成果，比如官方智庫報告、外國專家建議(包括世界銀行和亞洲發展銀行的專家)等等。除此之外，《「十一五」規劃綱要》起草期間，國家發改委還成立了一個37名專家組成的諮詢委員會，這個委員會的成員大多是研究理論的學者，他們對發展的看法和主張不盡相同，有的主張國家主導發展(如胡鞍鋼)，有的則主張市場協調發展(如吳敬璉)。根據國家發改委規劃司的說法，《規劃綱要》起草過程，曾多次徵求這個諮詢委員會的意見，設法就規劃的主要目標和經濟轉型等方面形成統一意見。[63]

---

62 參閱 Peter Evans, *Embedded Autonomy: States and Industrial Transformation* (Princeton: Princeton University Press, 1995); Sebastian Heilmann, *China's Core Executive in Economic Policy*, paper presented at the conference "Power in the Making: Governing and Being Governed in Contemporary China" (Oxford University, 2012).

63 「十一五」期間還引進了國家發改委之外三家機構對國家「十一五」規劃進行中期評估，即世界銀行、國務院發展研究中心和清華大學國情研究中心。廣東省則由廣東省社科院作為第三方對廣東省的「十一五」規劃進行評估。新華網：〈「十一五」規劃實施總體進展良好經濟社會發展主要指標大多達到預期進度要求〉，2008年12月24日，http://news.xinhuanet.com/newscenter/2008-12/24/content_10554035.htm (2017年3月11日最後一次登入)；廣東省發展和改革委員會：〈關於廣東省「十一五」規劃綱要中期評估及部分目標調整草案的報告〉，2008年12月10日，http://www1.rd.gd.cn/wjf/new/2008/newrd161.htm (2017年3月11日最後一次登入)。賴睿：〈更加開放自信的中國：「十二五」規劃向全球取經〉，《人民日報海外版》，2010年2月3日，http://cppcc.people.com.cn/GB/34952/10916092.html (2017年3月11日最後一次登入)；余東暉：〈兩會前奏：「十五」計劃是怎樣制定出來的?〉，中國新聞網2001年2月27日，http://www.chinanews.com/2001-02-27/26/73800.html (2017年3月11日最後一次登入)。

到了「十二五」期間，各級制定規劃的主體紛紛效仿這種作法，也各自成立了不同專業領域的專家諮詢委員會。

在筆者對中央和地方規劃機構分別進行的訪談中，受訪對象不約而同地表現出相同的「機構視角」，顯然中央和地方之間的互動頻繁，貫穿各個行政層級的規劃理念趨向一致。訪談中筆者得知，除了每年一度全國規劃工作會議之外，國家和地方規劃部門還經常召開各種聯合工作會議。會議之外，國家和地方規劃部門的工作人員平時也會通過電話或互訪，討論臨時性的政策或調整投資等事宜。在中國，中央、省以及基層政府的工作人員彼此相互熟悉，大家都努力維護良好的人際關係。

關於地方政府參與國家規劃的公開報道很少，但這不表示地方政府對國家規劃毫無影響力。在國家五年規劃起草階段初期，國家發改委分別在四個大區組織省政府召開所謂的「片會」（即東北片、東南片、西北片和西南片）。在這四個「片會」上，各省的省長及省內主要決策者與中央政府的規劃制定者聚在一起，確定急需解決的發展問題，討論如何在下一個五年解決這些問題。[64]除了正式制度之外，中央和地方之間非正式渠道的信息交流和政策上的討價還價，因為沒有媒體公開報道，相關信息既不完整也不透明。李鵬卸任後出版的日記，記載了大量1990年代中期他跟許多地方領導的會晤，當年這些信息沒有公開，但卻從側面證實了中央和地方之間互動頻繁的事實。[65]

在地方起草本地發展規劃期間，北京的規劃制定者往往也藉着到地方調研的機會給地方政府一些建議和指導。最近這幾年，很多省市流行邀請國家部委所屬的一些研究機構（比如國家發改委

64　這個信息來源於對國家和地方發改委的訪談。

65　關於非正式的、小範圍的中央和各省之間的經濟會議散錄於李鵬2007出版的上下兩冊自傳中。

宏觀經濟研究院)幫助地方作規劃或就具體政策提供諮詢。這些北京來的研究人員因為經常參加國家各部委的文件編寫工作，所以對國家政策了解透徹，他們把這些專業知識帶到地方，有助於加強地方跟中央保持一致，或減少地方政策與中央政策之間的衝突。

中國這種中央決策、地方執行的政策過程有利於將政策實施和評估監督分開來。[66]同樣地，規劃的分層結構——規劃建議和規劃綱要由北京的技術官僚起草，執行規劃的細節則通過下一級政府所制定的子規劃確定——也有助於國家的核心任務和政策目標不受行業或部門利益的干擾，因此在一定程度上保護了「交叉自治」的總體目標和戰略。

3. 規劃的協商、銜接和鎖定

總的來説，改革初期，五年規劃具有集權、封閉、以內部交易為主的特徵；改革之後，逐漸轉變為規劃制定主體主動尋求多方支持，通過精心組織的諮詢和規範化的程序廣泛徵求政府機構、非政府組織甚至外國專家的意見。這些變化在中國被當成實現「科學」決策的途徑。

然而這些改變並沒能完全消除內部交易，而且《規劃綱要》如果沒有就每一項任具體務和目標進行廣泛的協調、協商以及諮詢，就無法付諸實施。重要的政策細節和專項規劃通常由負責執行的地方政府或國家部委制定，因此都留給規劃實施者有很大的空間，讓地方和代表私人利益的團體有機會對具體實施細節施加影響。

由於任務、資源和責任都是由上面分配的，北京的規劃制定者必須主動跟地方負責規劃實施的部門協調，因此銜接各級規劃

66　徐林：〈規劃編制程序和評估制度〉，《發展規劃的理論和實踐》(北京：清華大學出版社，2010)，第163–179頁。

對中央的規劃制定者來說是一項重要挑戰。毛時代，計劃銜接主要體現在把各地和各部門上報的指標和配額相加，根據發展目標作出相應的調整，之後把新的指標和配額再分解到各地和各部門。1993年以後，這項銜接工作很少再由中央規劃制定者獨自完成，而更多地是通過跟地方政府溝通完成規劃銜接。

「十一五」規劃對節能減排約束性指標的銜接，形象地揭示了中央和地方政府之間協調機制的特點。2006年，國家發改委規劃司總共只有27名工作人員，其中只有四名工作人員負責審查地方規劃，因此必須經常超負荷工作。地方報上來的規劃已經由地方人大批准，國家發改委規劃司的工作人員因此只集中審看，地方規劃中是否包含了國家規劃中規定的約束性指標，特別是單位GDP能耗降低20%的指標。當時上海市政府上報的地方發展規劃把節能減排目標定為降低15%，理由是上海的經濟結構以高技術企業為主，能源消耗本來就不高，再減少20%幾乎不可能。國家發改委規劃司卻堅持要求上海市政府提高節能減排目標，於是上海市政府成立了一個專家委員會，對提高節能減排目標的可能性進行評估。專家的結論是上海仍然有潛力節能減排。最終上海市把節能減排的目標提高到了國家規定的20%，相應的上海市也調高了對採用節能技術和設備的企業的財政補貼，可見國家發改委的干預能直接影響地方政府的財政支出。[67]

同樣的情形也發生在廣東。廣東省政府把當地節能減排的目標定為減少13%，低於國家的20%的目標，而且廣東省的發展規劃在國家規劃發布之前一個星期由廣東省人大會議通過。廣東省發改委向國家發改委陳述的理由是，位於廣東的企業率先採用了

67　這是筆者在國家發改委和國家發改委宏觀經濟研究院的訪談中了解到的。

先進環保技術降低了能耗，如果要進一步節能減排，需要時間長費用高。廣東省政府也成立一個專家委員會來評估實現國家20%目標的可行性，結論是認同廣東省發改委的理由，但是國家發改委和國務院依然堅持要求廣東提高節能減排目標，最後協議結果是廣東提高到16%。[68]

國家發改委規劃司把這種與地方政府的互動以及妥協看成是一種進步，允許地方和行業規劃與國家規劃的目標有所不一致，改變以往的「一刀切」這種所謂「不科學」的做法。然而規劃目標一旦確定，並與地方幹部政績考核相結合之後，在執行規劃期間基本上就不再輕易改變，從而體現出一種「鎖定」的效果。

中國的規劃週期有一個特點，即五年規劃的週期跟黨和政府任期不同步，黨的領導更替及政府換屆都是在五年規劃的中期完成，因此新上任的領導在頭三年必須先完成上一屆政府制定的規劃，不能公開地偏離前任定下的政策目標，由此出現了另一種規劃「鎖定」的效應，導致政府換人換屆但卻不換政策的某種連續性。這種不同步的情況在「九五」(1996)、「十五」(2001)、「十一五」(2006)和「十二五」(2011)都曾出現，這期間國家立法、行政機構分別於1998、2003、2008和2013年更換了主要領導，但既定政策依然持續。新的五年規劃通常是政府換屆前兩年開始籌備，因此新領導上任後，往往很難在短時間內推倒重來。

這種不同步的情形允許黨和政府新的領導人上台後，有三年時間穩固自己的地位，之後才開始推行自己的政策方針（比如胡溫政府2003年上任後，從2003年到2005年籌備「十一五」規劃，2006年正式實施）。由此看來，是「執政黨的步調」而不是「國務院

68　這個過程是筆者在北京和廣州與發改委官員訪談了解到的。

換屆」決定規劃制定過程。這特別之處對理解行政部門是如何執行規劃，規劃又是如何影響政策優先順序以及政策主體個人的利益偏好都非常關鍵。規劃目標與幹部考核相結合，這意味着政策主體的仕途取決於他們是否完成規劃、實現前任所設定的目標。

規劃與幹部政績考核掛鈎

在中國，政治權威、政策偏好和許多個人利益都會受到「黨管幹部」這個人事制度的制約，這實際上是一種個人化的、以幹部為基礎的、控制意識形態和升遷的機制，規劃也不例外受這個機制的驅動。[69]其原因在於中國的經濟管理體系雖然是建立在行政官僚的層級制度上，但行政官僚同時受到黨的幹部層級制度的約束，從而形成了一種雙重的自上而下的控制機制。與建立在法律明文規定之上的制約機制相比，這種幹部控制相對含糊甚至有時自相矛盾的，其目的是讓上級領導滿意，而不一定追求最佳結果為目的，往往足夠維持正式的上下級制度和非正式的人際網絡即可。這種雙層結構帶來的後果是，只有那些經過黨的文件確認和強調的規劃目標才具有強制執行的權威，才是決定下一級政府工作的關鍵。

1990年代之前，計劃和幹部考核的連接並不緊密也不廣泛。1990年代以後，執政黨改革了幹部管理體制，逐步建立和規範了幹部政績考核體系。從那時候起，越來越多的經濟、社會指標成為領導幹部考核的內容。[70]到了2006年，「十一五」規劃引入「約

69　對經濟歷史學家武力的訪談，以及武力：〈中華人民共和國實施計劃管理的基礎和條件〉，《中國十個五年計劃研究報告》(北京：人民出版社，2006)，第1–51頁。

70　中共中央組織部：《建立促進科學發展的幹部考核評價機制十二講》(北京：中國方正出版社，2009)；李廣存：《幹部考核》(北京：黨建讀物，2009)。

束性」指標，其中三項指標（保護耕地、節能減排和減少污染物）
進入了地方幹部考核的內容。在吸取「十五」教訓的基礎上，「十
一五」把「約束性指標」定得更加明確、更加一目了然，以便規劃
機構和組織部在評估的時候，更具有操作性。在國家發改委官員
看來，這個做法是「十一五」核心指標得以完成的關鍵。[71]

我們以重慶為例，來考察國家規劃的指標分解到省／直轄市
之後是如何進入各級地方幹部考核體系的。2006年重慶市政府給
每個縣政府分配了六個約束性指標，這六個指標中有的是國家約
束性指標，有的是市政府根據各縣具體情況規定的指標。這六個
指標不但貫穿整個五年規劃期間，而且重慶市政府還會把它們分
解成年度指標進行考核。幹部考核不但用於完成約束性指標，同
時也被用於規劃評估和統計部門。[72]

「十一五」規劃共提出22項需完成的指標，其中八個為約束性
指標；「十二五」擴大到23項指標，其中13個具有約束性（見表
6.1）。「十一五」八個約束性指標都被吸納到地方幹部績效考核
中，但在整個「十一五」期間，北京反複強調的是保護耕地、節能
和減少污染這三項指標。[73]並通過與地方政府甚至企業簽訂軍令
狀等方式，使這三項指標成為考核地方政府過程中「一票否決」的

71　與國家發改委官員的訪談 2009，2010，2011。

72　2009年對重慶市發改委官員的訪談。另外重慶市政府辦公廳2007年184號文
　　件，2008年44號文件和2009年11號文件，都提出將是否完成約束性指標作為衡
　　量基層幹部政績的標準。

73　把這三個指標列入地方領導幹部考核的文件參閱國務院：〈國務院關於落實《中華
　　人民共和國國民經濟和社會發展第十一個五年規劃綱要》主要目標和任務工作分
　　工的通知〉，2006年8月24日公布，http://www.gov.cn/gongbao/content/2006/
　　content_413969.htm（2017年3月11日最後一次登入）。規劃中期評估中提高節能
　　減排的指標之後，廣東省相應地也提高了對幹部考核的要求，參閱廣東省人民政
　　府辦公廳：〈印發廣東省單位GDP能耗考核體系實施方案的通知〉，2008年4月7
　　日公布，http://zwgk.gd.gov.cn/006939748/200909/t20090915_9506.html（2017年3
　　月11日最後一次登入）。

內容。[74] 這種做法通過下級政府層層仿效得以普及，並納入規劃評估體系中。借助這套體系北京實際上為地方政府設置了少數高度優先的政策目標。

從政治角度來看，將規劃指標和幹部考核結合起來會無形中提高發改委系統的政治地位和分量，有可能導致行政管理超越了幹部體系，後者恰恰是執政黨執政的一個最重要的支柱。在國家發改委最近編制的規劃中，加強中央權威和控制的趨勢顯而易見（包括出自計劃經濟年代的用語「指標逐級分解」如今又出現在規劃中），由於地方發改委同樣複製了國家發改委這套做法（協調和審批規劃以及評估監督規劃執行），於是也都成了當地最有權力的部門。

把規劃和幹部考核相結合起來的機制實際上是建立在個人身份基礎上的責任制，這與以法律為準繩、以官僚體系為主的責任制大相徑庭，由此可見中國由執政黨主導的經濟發展體制，與其他東亞國家由政府（官僚）主導的經濟發展體制是截然不同的。

規劃中的治理模式

如果按不同的政策領域進一步考察中國各種發展規劃，我們發現了以下三種治理模式，這三種模式無論是在效力、授權還是試驗的作用都有所區別。

74　另一份國務院文件批准了國家發改委、國家環保總局制定的節能減排監測及考核方法，參閱國務院：〈國務院批轉節能減排統計監測及考核實施方案和辦法的通知〉，2007年11月23日公布，http://www.gov.cn/zwgk/2007-11/23/content_813617. htm（2017年3月11日最後一次登入）；廣東省發布的另一份文件指出，對於未能達標的市級政府領導小組和領導幹部，將在考核中實行一票否決，相關幹部不能參加年度評獎，不再批准相關地區的高耗能投資。這些規定同樣適用於重點耗能企業特別是國有企業，參閱廣東省人民政府辦公廳：〈印發廣東省單位GDP能耗考核體系實施方案的通知〉，2008年4月7日公布，http://zwgk.gd.gov. cn/006939748/200909/t20090915_9506.html（2017年3月11日最後一次登入）。

表6.4 不同政策領域的規劃治理模式

	I 指令性 （以政府和國有企業為 基礎的公共產品供應）	II 契約式 （中央和地方合作或 政府與企業合作）	III 指導性 （政府誘導的 市場行為）
資源— 增量性的	鐵路建設	科技政策	鼓勵企業海外投資的 「走出去」規劃
分配性的	扶貧	農村醫療服務	農民收入
監管的	土地管理	能源產業重組	民營/國有企業重組

來源：分類的依據是「十一五」期間所公布的專項規劃，引自 Sebastian Heilmann, "Economic Governance: Authoritarian Upgrading and Innovative Potential," in *China Today, China Tomorrow: Domestic Politics, Economy, and Society,* edited by Joseph Fewsmith (Lanham: Rowman & Littlefield, 2010), pp. 109–126.

我們發現提供公共產品的政策領域主要靠指令性規劃，比如修建鐵路、扶貧、土地使用管理等，通過政府直接投資以及行政監督來實現（表6.4第一欄）。另外，中國的規劃制定者也越來越多採用各種形式的簽約式的治理方式，以確保和激勵下一級部門實施上級部門制定的政策（表6.4第二欄）。簽約一般在中央部委和省政府之間，或省政府和駐地的大型企業之間進行，多見於公路建設、建立高新區、能源生產、醫院改革和市場改革（比如農產品市場和文化市場）。在這些政策領域，中央政府往往需要依靠地方政府合作以及自下而上的建議，甚至市場主體的參與。除了指令性和簽約式的規劃之外，我們還發現了大量的指導性規劃，這些規劃主要提供政府所作的經濟預測（比如對某一產業增長的估計）；向市場發出信號（比如關於逐步削減農業稅或對國企的優惠政策）；以及引進間接的激勵機制（比如改善銀行借貸和國內國際市場准入等）；以達到刺激市場行為和引導資源配置，特別是針對政府所希望或所認為有發展潛力的產業（表6.4第三欄）。

政策試驗和規劃調整

五年規劃一個最重要的優勢在於中央有意識地給地方在實施規劃過程中嘗試創新政策工具的空間，這主要是靠分散政策試驗來實現的。根據對國家和地方所編制的總體規劃、區域規劃和專項規的系統研究，我們發現分散政策試驗在各級各類規劃中無處不在，已經成為規劃實施的一個固定工具。

由於分層次的政策試驗是中央有意推行的、有所控制的過程（與地方自發的試錯行為有所不同），因此適合用規劃來為這種試驗設定目標，北京的規劃者則把試驗當成調整規劃的機制。通過試驗，地方可以將政策工具可行性的信息直接反饋給上級，上級規劃根據試驗所取得的經驗作出相應調整。試驗區和試點項目因此成為連接中央和地方政策過程的紐帶，有助於地方出台的政策激勵措施和中央的目標保持一致。[75]

中央設定規劃目標和決定政策優先順序，並賦予地方在執行國家政策過程中反覆試驗的合法性和空間，試驗結果再反饋到中央，由中央來進行政策調整。這種從下至上的政策調整過程是中國所特有的方式，而在前蘇聯高度中央集權的黨國體制下，從來沒有出現過分散形成不同政策選項這種有利於創新的機制。然而不可否認，集中「制訂全域性的政策」和分散「政策試驗」也給中國的政策過程帶來一種持續的矛盾張力。

1993年以後形成的新型發展規劃之所以有利於或至少沒有妨礙中國經濟起飛，關鍵在於它吸收了一些有效的調整機制。其中

75　參閱 Sebastian Heilmann, "Economic Governance: Authoritarian Upgrading and Innovative Potential," in *China Today, China Tomorrow: Domestic Politics, Economy, and Society*, edited by Joseph Fewsmith (Lanham: Rowman & Littlefield, 2010), pp. 109–126.

一些調整機制對抑制傳統計劃體制內僵化和集權傾向產生了作用，這些機制在東亞其他國家也曾使用過，它們包括：把指令性計劃限制在國家嚴格控制的少數幾個行業內；擴大和改善契約型和指導性計劃；開放各種渠道學習國外經驗，因地制宜加以實施；面向國際市場，引入創新和競爭。

除此之外的一些調整機制則是中國所特有的，根據自身實踐形成的，包括：鼓勵各方面進行廣泛和持續的政策試驗；容許過渡性、混合性和非正式機制長期同時存在；保留中央集權和各地自治之間來回搖擺的模式；黨內層級制度作為強制地方執行中央政策指令的保障，通過紅頭文件、黨的會議決議、「搞運動」等形式把中央政令作為應急措施下達給地方；把黨管幹部的制度擴大到人才資源管理。

雖然中國的許多協調機制及政策工具與大多數工業化國家或新興國家有很大的區別，但這並不意味着中國發明了全新的機制工具，中國的創新在於根據自己的國情重新組合了指令性、契約式、指導性的協調機制。這些機制和工具的源頭都可以追溯到中國自己的歷史經驗，或早先日本韓國經濟起飛階段的經驗。規劃過程對鼓勵和保留中國政治體系種這種獨特性起了關鍵作用。

規劃的局限

雖然「十一五」在節能減排方面取得了顯著的進步，規劃過程在一定程度上規範化，但是中國的規劃體系依然有其局限。首先，基層幹部有多達40項必需完成的各種任務指標，從GDP增長到環境保護，從提高農民收入到保護耕地，其中不乏相互衝突的目標，最終政策執行效果難免打折扣。同時地方政府想方設法

提高自己政績的做法，難免跟政策初衷相背離。[76] 為了解決這些問題，黨的人事管理系統試圖通過設定不同的比重，給各項任務排出優先順序。但現實生活中，大多數官員都清楚，他們的政績主要取決於幾個「硬指標」，比如經濟增長、計劃生育以及維護社會穩定等，其他指標則可以忽略不計。除非是中央一再強調的指標，比如溫家寶最重視的節能減排指標，才會引起基層官員額外的重視。儘管量化了各種指標，評估過程也儘量客觀中立，但現實中上級的主觀評價依然很關鍵。所謂「客觀的」標準不過用來合理化一些主觀評判，至於這些評判是基於行賄，或是出於上下級之間相互利用的考量做出的，則不得而知。

　　總的來說，如果國家規劃與市場激勵機制相違背，北京的規劃制定者就很難強迫地方政府接受他們所設定的任務和指標。所以國家規劃執行最有效的領域，往往是那些對幹部晉升有利，同時又有市場發展機遇的那些領域。省一級的規劃評估者雖然也認同，基層政府應該認真完成中央所下達的任務和指標，但是他們也明白，約束性的環境目標目前也無法改變基層所面臨的各種相互衝突的激勵機制。經濟增長和稅收增加才是衡量基層政績最實際的指標。如果新的節能和環保技術能幫助地方發展經濟，帶來新的收入；如果關閉污染環境的企業不會減少稅收或影響就業，基層政府就會積極配合完成這些任務指標。在這種情況下，幹部才會把力氣花在發展地方經濟和完成從上面分派下來的任務，地方和中央的激勵機制由此取得一致。

　　規劃目標、市場力量，增加稅收，當基層政策代理人面對來

76　參閱 Genia Kostka and William Hobbs, "Local Energy Efficiency Policy Implementation in China: Bridging the Gap between National Priorities and Local Interests," *The China Quarterly* No. 211(2012), pp. 765–785.

這些自不同方向、相互衝突的目標和機制時，這種由上至下的政策代理鏈條有可能會崩潰。雖然規劃可以調整不同目標之間的相對值，比如降低幹部考核中對經濟增長的要求，提高環境保護的比重，但是這種調整只有在減少目標和指標種類的情況下，才能發揮作用。目前政治決策者越來越多地強調民生和公共服務，這些領域的很多政策會限制經濟發展。如果依然執着於績效評估這種方式，那麼規劃系統將不勝負荷。

規劃的第二個局限是不能有效地解決資源短缺問題。到目前為止，中國的規劃對於通過再分配實現公平以及改善弱勢群體等方面沒有多少建樹。比如在農村醫療改革、社會保險改革、以及提供平等教育機會等方面，規劃都沒能消除不平等，規劃制定者自己對此也很失望。[77]

第三個局限是國家發改委本身。雖然中央和地方都在爭論國家發改委集權的傾向，但實際上國家發改委的強勢大都停留在口頭上。按照規劃體制改革，本來應該由國家發改委為地方政府提供詳細的實施規劃措施，[78]但實際工作中，國家發改委的官員自己也承認說，他們其實並沒有足夠的人手和能力，監督各個省落實政策的具體工作情況。[79]

中國規劃體系第四個局限是其所依附的層級體系，由於上級對下級的評估主要依靠下級所提供的數據和資料，這種對下級提供信息的依賴，實際工作中為下級謊報數據提供了便利，特別是在一些很難量化的政策領域（或很容易掩蓋失誤的領域）。另外還

77　與國家發改委官員2007–2011的系列訪談。

78　國家發展改革委員會：〈關於印發促進中部地區崛起規劃實施意見的通知〉，2010年8月12日公布，http://www.sdpc.gov.cn/zcfb/zcfbghwb/201008/t20100825_585474.html（2017年3月11日最後一次登入）。

79　與國家發改委規劃司的訪談，2009和2011。

有一些影響經濟、稅收、就業的相關政策，基層政府則傾向虛報數據。這種謊報數據的行為很少被揭露或被懲處，因為負責評估基層的省一級發改委和組織部同樣傾向對北京報喜不報憂。[80] 鑒於這種狀況，北京對地方的評估以及幹部考核的結果都會有所保留。這種兩難的處境實際上就是中國治理模式的困境，相比之下，以法律制度為基礎，政治責任和行政責任相分離的民主體系，比起中國建立在人事制度基礎之上，所有責任集中在位於權力頂端的黨委書記一個人身上的模式，則很少會出現這種上下級之間相互不信任但又彼此依賴的困境。

最後，從發展規劃所提出的雄偉目標來看，如調整經濟結構、轉變發展模式，以創新和國內消費帶動經濟發展等，規劃所達到的效果也很有限。從1990年中期以來，所有「五年計劃」都把「轉變增長和發展模式」當成中心任務，包括「十一五」規劃提出的節能減排也是為了轉變高能耗的產業結構，但也有中國的學者指出，轉變經濟結構並不一定要大規模地修正發展優先順序（比如為了發展服務業而降低經濟發展目標），而是通過改善激勵機制，比如對資本和能源等生產要素重新定價、改革金融業、簡化政府對服務行業的審批等措施，也可以實現轉變經濟結構的目標。[81]

儘管上述種種局限，幹部評估已經成為經濟激勵機制之外最重要的實現規劃目標的激勵機制。中組部和國家發改委都沒有打算要放棄這個機制，而是希望通過調整幹部考核標準以及改善評

80　與省一級發改委的訪談，2009，2010，2011。幹部考核中的標準機制或浮誇機制參閱 Richard McGregor, *The Party: The Secret World of China's Communist Rulers* (New York, Harper Perennial, 2010), pp. 70–103.

81　胡鞍鋼、鄢一龍：《中國：走向2015》（杭州：浙江人民出版社，2010），第28頁。

估過程來解決當前的問題。[82] 特別是「十一五」規劃中通過規劃指標和幹部考核相結合取得了顯著成功，這更讓人堅信這個方向的正確。

結 論

本章對中國規劃過程的研究是把一個國家的政治經濟分解為不同的政策子系統來考察，原因是我們認為每個政策子系統都有自己獨特的發展動力。[83] 通過這種研究方法，我們發現在某些子系統內規劃得以有效執行，而在另一些子系統內，規劃則遇到難以逾越的協調障礙或執行不力。面對子系統之間巨大的反差，我們必須儘量避免以偏概全給中國的規劃體系下結論（比如「規劃對中國依然有影響」或「中國的規劃完全失敗，必須讓位給市場」）。

我們的研究表明，中國當前的發展規劃不是一個完整單一的體系，而更像一個不間斷循環往復的過程。參與這個過程的主體收集信息、協調、分析、起草文件、實施、試驗、評估和修訂規劃，歷時數年，並在各級政府層面同時進行。無論是從綜合各種協調機制的努力來看，還是從規劃最後所取得的成效來看，中國的規劃體系並沒有像它所宣稱的那樣解決一切問題。但是，規劃所包含的評估和調整機制卻在發揮了實實在在的作用，因為決策者能夠憑藉這兩個機制及時發現問題並調整政策優先順序。

本研究有助於打破一成不變的研究視角，從一個動態的角度來刻畫一個逐步形成政策優先順序的過程，這個過程中政策目標

82　中共中央組織部：《建立促進科學發展的幹部考核評價機制十二講》(北京：中國方正出版社，2009)；李廣存：《幹部考核》(北京：黨建讀物，2009)。

83　參閱 Michael Howlett, M. Ramesh and Anthony Perl, *Studying Public Policy: Policy Cycles and Policy Subsystems*, 3rd edition (Toronto: Oxford University Press, 2009).

之間有時也會彼此競爭，同時包含了分散試驗和統一規範的階段。這種規劃過程一方面允許政策的彈性和地區差異性，另一方面在高度集中規劃和地方自治兩極間不停搖擺尋找平衡。1993年以後所形成的新型規劃，其最大的優勢就在於靈活性。這表現在三次經濟調整期間（1993–1995，1997–1999，2008–2010），面對艱巨的宏觀經濟挑戰，中國政府都能迅速脫離原來的規劃目標採取應急干預措施，危機過後重新再回到原先的目標。

另外，把試驗方案融入宏觀規劃中，以及最近所增加的中期評估機制和中央的巡視機制也有助於規劃脫離僵化的陷阱，僵化是讓許多國家在20世紀紛紛放棄計劃的原因。正如一位規劃制定者所說，當經濟危機的應對措施與長期目標發生衝突的時候，中國政府會「犧牲長期目標」。但經濟一旦復蘇，又會重新回到既定的長期目標。[84] 中國用規劃來設立長遠目標，但是它同時給反複試驗不同的政策工具和逐步形成政策目標提供了足夠的空間。

中國發展規劃的特點是在鬆散的制度化基礎上，在一個可塑的、不斷調整適應的政策過程中，重新組合了各種治理方式。這種混合而成的治理機制超過了現有的分析框架和理論模型，無論是社會主義計劃經濟，還是東亞發展國家模式，或者英美規制的國家理論都無法單獨解釋中國的現實。未來的研究應該更多地關注這種多變的、流動的、混合的政策過程，以超越靜態的制度主義研究範式。

84　與國家發改委規劃司的訪談，2011。

後 記

習近平時代重新塑造政策過程

　　長期以來西方對中國政治發展主要關注中國是否變得更自由，以及在這轉型過程中新興的公民社會與國家權力機關之間發生的衝突。然而，從中共的角度來看，共產黨自1980年代以來，經歷的卻是一個組織能力下降、內部紀律渙散的過程，這種下行的壓力才是中國政治轉型最關鍵的驅動力和催化劑。經濟轉型則是受對外開放和企業放權的驅使，在一個遲緩的、有所保留的、有限的過程中展開，這期間無論誰執政，包括習近平上台後加強黨紀和強調黨中央權威，這個過程始終沒改變（參見下頁圖7.1）。

　　雖然中國的正式政治制度看起來似乎沒有多少變化，但自1980年代開始，很多有關經濟和行政的決策權下放到地方政府，中國的政治體制由此從毛時代的極權體制（中共幹部和黨的機關實際上享有對經濟和社會的無限控制）轉變成「碎片化的威權體制」。這種體制下，只有在危機發生的特殊時期，中共才採取集中干預的手段（參見下面的「危機模式」）。正式制度之外，官商之

間的權錢交易也暗中侵蝕了中共的權力結構，形成了一個地方性
腐敗的影子系統，逃避黨中央的控制。胡溫執政時期 (2002–
2012)，這個影子系統迅速擴大，正式的政治制度改革卻停滯
不前。

図7.1 中國政治經濟轉型路徑

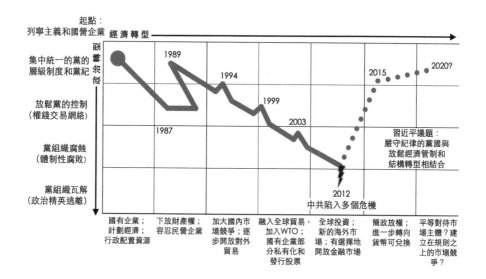

資料來源：根據 Hasegawa 1992 和 Heilmann 2000 補充和修正。[1]

自 2012 年習李執政以來，中國政治發展明顯轉向：黨的領導
層決心發動一場廣泛地反腐敗和整頓黨紀運動來解決之前勢不可

1　參閱 Tsuyoshi Hasegawa, "The Connection between Political and Economic Reform in
Communist Regimes," in *Dismantling Communism: Common Causes and Regional
Variations,* edited by Gilbert Rozman, Seizaburō Satō and Gerald Segal (Washington, DC:
Woodrow Wilson Center Press, 1992), pp. 59–117; Sebastian Heilmann, *Die Politik der
Wirtschaftsreformen in China und Russland* [The Politics of Economic Reform in China and
Russia] (Hamburg: Institut für Asienkunde, 2000).

擋的內部腐蝕，並通過重新加強中央集權鞏固黨國的層級制度，甚至之前已經把權力下放給行政部門和地方機構的政策領域，也重新把權力集中到黨中央。中共總書記習近平明確表示，只有共產黨有能力領導中國走過21世紀，同時抵制任何企圖損害黨的領導地位或演變為西方民主的行為。

對於中共新的領導層來說，重組黨國體制就是為了實現民族復興的「中國夢」。為了讓中國轉型成為世界上最先進和最有創新力的強國之一，同時避免陷入「中等收入陷阱」2013年中共中央引入了一個結構改革方案，這個方案承諾讓市場力量發揮「決定性作用」、減少對民營經濟和金融體系的管制、平等對待和保護各種經濟實體、重組和出售部分國企以及大幅度減少國家對經濟的整體干預。

如果確實嚴格執行這個改革方案，會給中國發展帶來深遠的政治影響。因為經濟全面自由化會極大削弱國家干預經濟的能力，會導致黨內精英和具有政府背景的企業精英直接衝突。到目前為止，2013年出台的經濟開放政策到2016年只斷斷續續、有選擇地實施了部分。在一些政治比較敏感的領域，比如限制國企壟斷、提高政府和銀行債務透明度、建立讓非國有經濟市場主體平等參與競爭的市場環境、完善外商投資的准入，只推行了零星和次要的改革。

加強黨對政治和經濟的集中控制是習近平上任後的一個特徵，以往只有黨的領導層在放鬆控制權後依然在政治上感到安全，經濟發展減速不會直接威脅黨的領導地位，才會促進經濟自由化。而習近平上任的頭幾年，政治目標一直優先於經濟轉型目標，比如加強黨紀、開展大國外交以及軍事現代化。由此可見，現在並不具備推進經濟繼續轉型的政治條件。

中央制定政策從「常規模式」轉入「危機模式」

中國觀察家們常常面對一個謎題，曾被視為「實用主義的」、「溫和的」、「改革派」的中國領導人突然會採取極端的鎮壓措施。例如鄧小平，他曾兩次被美國的《時代》雜誌評為年度人物，但當1989年政府出動軍隊鎮壓民主抗議活動之後，他突然一夜之間轉變為西方媒體所說的「獨裁者」和「劊子手」。胡錦濤和溫家寶也是一樣，最初他們因為推動社會和環境的改革在西方獲得好評，但2008年他們鎮壓西藏騷亂之後，公共輿論瞬間倒向負面。2012年習近平接任中共總書記後，他一方面引入市場為主的改革和高壓反腐，另一方面收緊控制意識形態和加大鎮壓異見分子，這種看似相互矛盾的行為讓西方感到迷惑。

為了理解這種看起來自相矛盾的現象，我把中國政策過程區分為「常規模式」和「危機模式」。[2] 常規決策需要各方妥協達成一致意見，這個過程緩慢悠長。一旦發生緊急事件社會出現動盪的時候，決策過程則進入另一種完全相反的模式：集權、思想動員和發布指令是其主要特徵。在這種特殊時期，黨的最高領導層收回所有決策權，黨發出的指令必須優先執行，之前下級部門和地方政府自行決策的空間受到限制。表7.1列出了自1989年以來引發「危機模式」的典型事件。

與危機模式不同，決策的常規模式更注重協調和共識，其主要特徵是：

- 政治局常委成員或國務院常務會議成員根據他們的職務分別承擔不同職責和任務（比如金融體系、對外貿易或國內安全）；

2　參閱 Sebastian Heilmann, *Das politische System der Volksrepublik China* [The Political System of the PRC], 2nd rvsd. ed. (Wiesbaden: VS Verlag für Sozialwissenschaften, 2004).

- 實施跨部門的、需要協調的、有專家參與的方案；聽取國內外智庫和大學的專業建議；成立臨時工作小組，進行調研，協商並起草一系列文件；
- 形成共識的過程冗長，協調難度高，期間舉辦各種各樣的協商會議；高級官員即是政策的倡導者，也是不同政府部門之間的聯絡人；
- 黨的最高領導層只有在必須很快決策的壓力下才動用他們的權威（例如通過中長期規劃的期限、履行國際條約義務、影響公眾利益的事件等）。

表7.1 可能引發危機模式的事件

引發因素	實例
I 影響全國安全的危機	1989年遊行示威；1999年法輪功事件；2008年西藏騷亂；2009新疆騷亂；2013年到2014年北京和昆明的恐怖襲擊。
II 黨內決策和組織危機	1989年政治局失去決策能力；2012年反腐敗和派系鬥爭。
III 公眾事件所引發的對國家領導層的影響	1998年反走私運動；2003年先隱瞞後抗擊非典疫情；2012年對前政治局委員的刑事審判。
IV 外交和軍事衝突	1996年台海危機；1999年中國駐南斯拉夫使館被炸；2012–2013年中日爭議。
V 嚴重威脅經濟穩定	1993年到1995年控制通貨膨脹；1997年到1998年集中金融監管；2007年到2009年振興經濟規劃。
VI 自然災害	1998年長江特大洪澇；2008年汶川地震。
VII 外部衝擊	1989年到1991年東歐社會主義陣營解體；1997年到1998年亞洲金融危機；2007年到2009年全球金融危機。

資料來源：Heilmann 2004/2006[3]

3　參閱 Sebastian Heilmann, *Das politische System der Volksrepublik China* [The Political System of the PRC], 2nd rvsd. ed. (Wiesbaden: VS Verlag für Sozialwissenschaften, 2004); Sebastian Heilmann, "Das Modell des ostasiatischen Entwicklungsstaates in der Revision," in *Politik in Japan: System, Reformprozesse und Aussenpolitik im internationalen Vergleich*, edited by Verena Blechinger-Talcott, Christiane Frantz and Mark R. Thompson (Frankfurt am Main: Campus, 2006), pp. 103–116.

　　每當新一代領導人上任，無論是老一輩革命家、技術官僚還是2007年到2012年之間所提拔的不同專業背景的領導人，其決策方式會相應變化。與毛澤東或鄧小平時代相比，江澤民和胡錦濤時期的決策過程個人集權的色彩明顯減少，至少日常決策如此。2012年習近平上任之後明顯不一樣，習近平作為總書記罕見地把不同政策領域的決策權集中在自己手裏。

　　習近平時期的決策模式滿足了下面所列出的危機治理模式的特徵。習近平和他的同事們明顯意識到胡錦濤時期（2002–2012）政治局決策不力和忠誠危機，以及共產黨內部的腐敗氾濫和組織危機，都達到了威脅整個政治體制和中共的程度。因此，革新機制和鞏固組織最好的途徑就是集中權力、統一決策、強調紀律、全面反腐、阻止結黨營私、同時開展抵制西方價值觀和理念。

表7.2　常規模式和危機模式的特徵

常規模式	危機模式
• 黨和政府領導確定路線方針以及國家政策的目標 • 政府機構協商起草國家規章 • 地方政府根據地方情況靈活應用國家法律和行政指令 • 黨中央強迫地方政府執行國家法規的能力有限	• 迅速集中決策，中央越級干預 • 壓縮決策時間，中央不再協商 • 突出個人權力，為達成共識強調意識形態 • 重新運用文化大革命激進的、動員式語言 • 黨的紀檢機構作用上升 • 如果黨內達成一致，就停止爭論，政策執行能力暫時提高 • 如果黨內意見不一，執行難度加大，導致衝突不斷

資料來源：Heilmann 2017[4]

　　危機模式是中央領導層專門應對被視為威脅政治體制或挑戰國家領導權威和合法性的事件。一旦危險消除，政治決策往往又

4　參閱 Sebastian Heilmann (ed.), *China's Political System* (Lanham: Rowman & Littlefield, 2017).

回到常規模式。但在習近平領導下，決策模式卻至今沒有回到壓力較小、分散治理的常規模式（1978年以來中國自上而下的控制總是在一緊一松之間循環）。把權力集中在中央也許有利於促進全國範圍內國家機構重組，但因為重組時間可能將長達十年，目前還無法判斷是否能最終完成。當前有很多中央之外的黨政機構（包括國家部委、地方政府和企業）普遍感到不安，不確定發揮地方積極性是否可取，政治風險是否太大。中央自己宣稱這種觀望的態度使許多改革停滯，因此批評這種地方政府和官員的不作為。

從1978到2012年地方積極性曾對形成中國靈活和適應力強的政治、經濟體制發揮了關鍵作用。然而，2013年以後，自上而下加強對黨員的紀律約束和中央集權的做法卻限制了地方政府的政策創新和改革靈敏度。

中央集權削弱適應能力

兩位美國科學家通過分析一系列發生在21世紀早期的經濟和政治危機，建立了一個分析政治體制的堅固性和適應力的模型。根據這個模型，一個政治體制的抗壓性不取決於表面上看起來穩固強大的機構；更重要的是在發生緊急危機的時候承受衝擊、避免功能瓦解的能力，以及從危機中恢復所表現出來的組織和更新能力。[5] 用這個模型來衡量中國政治體制，習近平領導下的決策體系明顯不如他的前任（參見下頁表7.3）。

與其他傳統的威權國家（特別是前社會主義國家）相比，中國政治體制適應力的一個重要來源就是經濟結構多樣化。中國並不

5　參閱 Nassim Nicholas Taleb and Gregory F. Treverton, "The Calm Before the Storm: Why Volatility Signals Stability, and Vice Versa," *Foreign Affairs*, Vol. 94, No. 1 (2015), pp. 86–95.

單獨依靠某個產業或原材料出口，而且經濟創新能力增長很快，加上擁有龐大的國內市場，即使未來出口下降，經濟也能夠繼續增長。這種經濟多樣性對抵抗危機來說是一個巨大優勢。即使部分領域經濟衰退，也不一定會影響到全國社會和政治穩定，因為其他領域的經濟依然很有活力，這對緩解衝擊，提供資源彌補遭受危機衝擊的地區和行業都非常有利。

表7.3 中國政治制度適應意外衝擊的能力有多強？

適應力強的政治體制	江朱時期 （1998–2002）	胡溫時期 （2002–2012）	習李時期 （2012至今）
1　經濟結構多樣化	+	+	+
2　地方政策積極性	+	~	Θ
3　適度的政府債務	+	Θ	Θ
4　政治上的靈活性和多樣性	Θ	Θ	Θ
5　應對體制危機的經驗	+	+	~

注解：＋為適應力強 ／ ～為適應力不太強 ／ Θ為脆弱.
資料來源：根據Taleb/Treverton（2015）模型，有改動

然而在其他領域，由於經濟結構轉換和政府干預，中國政治經濟的適應力卻有被削弱的危險。特別是國家和企業負債對於國民生產總值、國民生產總值增長的水平、金融和財政體系的負面影響。2008年為應對世界金融危機中國推出大規模振興規劃，之後全國的債務迅速增長，這嚴重地限制了政府應對經濟和政治危機的行動能力。中國高速增長和充裕稅收的時期已經過去，習李政府不可能長期實施擴張性財政和金融政策。

其他方面對適應力的影響目前還不確定，但總的趨勢是在弱化。政治和經濟壓力增大時，地方分散制定政策有助於彌補中央政府改革失敗、決策失誤或政令不暢等問題。習近平集中權力的

做法削弱了這種在應對危機時不可或缺的緩衝手段，同時限制了中國政府的適應和創新能力。實際上決策權過度集中削弱了信息傳播和地方積極性，後者恰恰是鄧小平在1980到1990年代為推動改革特意打造的。

到目前依然不明朗的是，習李政府是否具備處理體制性危機的歷史經驗 (特別是類似1989年危機)。目前中國領導層的所有成員都有應對2007到2009年全球金融危機的經驗，但他們卻沒有任何應對重大政治危機的經驗。從公開講話和內部公報來看，習近平和中共中央強調要學習前蘇聯解體的「教訓」和戈爾巴喬夫領導的「失敗」。但外界無法理解，為何中國領導人學習這些經驗教訓後，並不打算更加靈活、更有創造性地應對政治動盪，反而是加強了對國內的控制。

從體制適應力的角度來看，當前中國政治體制最大一個弱點就是缺乏政策多樣性和多變性。公開合法的競爭既不能在執政黨內部也不能在執政黨和反對力量之間進行。對中國政治體制所隱含的缺陷進行公開辯論幾乎沒有，或只允許在嚴格的界限內討論。與以往政府相比，習李不但限制政治上與中央的不同看法，而且禁止對外透露這些不同看法。這些做法加大了發現危機預兆的難度，因此也無法採取相應的維穩措施。

自上而下政策過程的系統風險

習近平上任後，大張旗鼓引進「頂層設計」，這種自上而下的過程徹底改變了以往的政策制定和執行的靈活性和探索性，讓中國政策過程變得僵化。但中國國內討論中，人們卻無法對此所帶來的體制風險公開討論。實際上，涉及國家機構重組和經濟轉型的政策制定權力被集中到由習近平領導的中共中央領導小組，習

近平本人也在很短的時間內把諸多權力掌握在自己手裏。媒體對習近平的宣傳以及由此形成的個人崇拜，除了毛之外無人能及。結果習近平領導下政策制定過程更多是自上至下。各地的經驗和倡議越來越不受重視，決策失誤因此頻頻出現。從2014到2016年，中央主導制定的財政改革、證券市場監管和信息技術安全等都受到地方政府和市場參與者的嚴重批評，最後中央不得不修正甚至撤回這些政策。顯然，中央政策制定者及其顧問們不切實際錯誤地估計和預測新政策所帶來的後果。

習近平更喜歡在一個由高層領導和親信所形成的小圈子內集中決策。這種決策主導的政策過程（由上而下的「決策主義」）與鄧小平所倡導的執行為主的政策過程（由下自上的「執行主義」）形成鮮明對比。過去幾十年，中國的改革政策很多是靠地方試驗摸索出來的，雖然習近平並沒有明文禁止或限制地方試驗，他甚至在講話中高調贊成地方設立政策試驗區和試點，但是權力都集中到了頂層，強調黨紀勝過積極性。在這種政治環境下，地方政策制定者很難不顧政治風險，進行自下而上的試驗。

改革開放以來，中共的領導風格主要是受鄧小平和江澤民影響形成的，這種風格明確地包括了地方政府為執行政策所採取的開拓性的做法，這與習近平所側重的頂層設計完全不同。作為一個有自信的領導者，習近平比他的前任更少地依賴協商、摸索和反思。目前還不清楚，習近平還會堅持多久這種做法。如果政策一連串失誤和經濟問題惡化，集權和政治上變得強硬的做法可能只是暫時的。當2013年至2020年結構改革方案的實施陷入停滯，才極有可能重新回到一種探索性的領導風格。

無論如何，如果中國未來繼續加強自上而下的政策制定過程，地方政府無法獨立行動，體制就會變得越來越脆弱，從政策失誤中學習和糾錯的能力會下降，體制也會變得僵化。一旦中央

政策失敗或習近平失去決策能力，地方政府將無法為中央政府提供合法性，以補償中央政府的失誤。

中國的發展模式能否成為其他國家的借鑒？

中國經濟在全球範圍內迅速崛起引發了對「中國模式」的廣泛討論，建立在市場基礎上的經濟發展與權威領導相結合，這種模式能否被其他發展中國家和新興國家所借鑒？討論中湧現不同的觀點，其中發展經濟學家看到了「中國模式」中所體現出來的東亞「發展型國家」的特點，[6] 或是把「中國模式」歸納為以權威經濟為基礎的「北京共識」，與以自由經濟為基礎的「華盛頓共識」形成對照。[7] 政治學者則把「中國模式」稱為新型「國家資本主義」，[8] 或是以一種靠經濟和技術驅動提高了績效的權威政府管理（「權威升級」）。[9] 歷史學家和哲學家則試圖找出「中國模式」中基於中國歷史上對秩序和合法性的設想，[10] 以及精英政府招募政治領袖和統

6　參閱 Chalmers Johnson, *MITI and the Japanese Miracle: The Growth of Industrial Policy, 1925–1975* (Stanford, CA: Stanford University Press, 1982); Meredith Woo-Cumings, *The Developmental State* (Ithaca, NY: Cornell University Press, 1999); Sebastian Heilmann, "Das Modell des ostasiatischen Entwicklungsstaates in der Revision," in *Politik in Japan: System, Reformprozesse und Aussenpolitik im internationalen Vergleich,* edited by Verena Blechinger-Talcott, Christiane Frantz and Mark R. Thompson (Frankfurt am Main: Campus, 2006), pp. 103–116.

7　參閱 Stefan A. Halper, *The Beijing Consensus: How China's Authoritarian Model Will Dominate the Twenty-First Century* (New York: Basic Books, 2010); Joshua Cooper Ramo, *The Beijing Consensus* (London: Foreign Policy Centre, 2004).

8　參閱 Ian Bremmer, *The End of the Free Market: Who Wins the War between States and Corporations?* (New York: Portfolio, 2010).

9　參閱 Sebastian Heilmann, "Economic Governance: Authoritarian Upgrading and Innovative Potential," in *China Today, China Tomorrow: Domestic Politics, Economy, and Society,* edited by Joseph Fewsmith (Lanham, MD: Rowman & Littlefield, 2010), pp. 109–126.

10　參閱 Martin Jacques, *When China Rules the World: The Rise of the Middle Kingdom and the End of the Western World,* 2nd ed. (London: Penguin, 2012).

治合法化的優勢。[11] 下頁表7.4總結了「中國模式」中最重要的特徵和發展手段。

中國國內對「中國模式」,[12] 甚至「新型超級大國」,[13] 也展開了熱烈討論。這些討論通過一些知名社會學家以及退休的政府官員所撰寫的文章和書籍得以普及。儘管如此,討論中對於「中國模式」也不乏尖銳的批評。[14]

值得一提的是,中國政府從來沒有把自己的政治和經濟制度當成一個可效仿的模式介紹給其他國家。恰恰相反,中國外交官堅持亞洲、非洲和拉丁美洲其他發展中國家應該結合本身實際情況,自主制定國家發展戰略。與西方國家對提供發展援助時給受助國強加各種附加條件的做法不同,中國避免設置任何不符合國家和地區情況的條件。

國際上對「中國模式」的討論是在2009年世界金融危機蔓延之後才引起關注。這之前佔據西方公眾討論和專業討論主流的看法是「相互依存的秩序」,根據這個邏輯,政治和經濟自由與民主互為前提,只有在市場主導的民主社會才能實現財富和經濟增長。然而這種理論卻無法解釋中國自1989年以來經濟和政治的發展,無論是從經濟和制度的靈活性還是從國際競爭力的角度來看,中國明顯高於東歐前社會主義國家。

11　參閱 Daniel A. Bell, *The China Model: Political Meritocracy and the Limits of Democracy* (Princeton, NJ: Princeton University Press, 2015).

12　潘維:《中國模式:解讀人民共和國的60年》(北京:中央編譯出版社,2009)。

13　胡鞍鋼:《中國2020:一個新型超級大國》(杭州:浙江人民出版社,2012);胡鞍鋼、唐嘯、楊竺松、鄢一龍主編:《中國國家治理現代化》(北京:中國人民大學出版社,2014)。

14　丁學良主編:《中國模式:贊成與反對》(香港:牛津大學出版社,2011);鄭永年主編:《中國模式:經驗與困局》(杭州:浙江人民出版社,2010)。

表7.4 「中國發展模式」的特徵和方法

國內政治和司法	威權的、發展的、經濟方面靈活的，適應性政府；禁止黨派競爭；壓制反對派；根據工作經驗、專業資格和實際表現來招募地方政治和行政領導（「精英領導」）；為適應經濟發展所推行的局部的政治和行政改革；不進行憲政改革和政治自由化；政權合法化建立在經濟發展和民族主義之上；與重要的游說團體協商（「協商式威權主義」）；制定廣泛的法律法規；司法不獨立。
社會和福利政策	抑制獨立的從事政治活動的非政府組織，鼓勵發展由國家監督，政府組織的非政府組織（GONGOs）；採取預防性的「社會管理」（包括監視、信訪、社會服務等措施），防止社會動盪；嚴格的居住管理和計劃生育；對教育高投入，注重數理化和信息學科；建立健全社會保障；「共同富裕」的官方目標。
勞資關係	國家主導的工會組織；禁止罷工和跨企業的集體談判；政府和大公司聯手。
國內經濟	長期發展規劃；學習國際經驗的意願；十足的實用主義（解決問題為主）、不受意識形態影響的經濟政策、樂於嘗試新方法；增長不計代價；國家對基礎設施建設和關鍵產業巨額投資；保護政府相關企業；國家控制銀行系統。
金融市場	國家抑制金融（低存款利率以及有限的投資和儲蓄渠道）；引導私人儲蓄進入國家鼓勵發展的產業和基礎設施；國家控制的主權財富基金投資海外；資本管制；積極的貨幣管理和有限的貨幣流通。
外交政策	全球外交；對外經貿和金融外交相結合（「銀彈外交」）；維護國家主權和領土主張；強調國家主權，甚至在網絡空間也不例外；大規模擴充軍備。
對外貿易	面對全球市場和出口為導向；以進口替代為長遠目標；有選擇地保護國內幼小產業；有針對性地控制外國投資；注重國際市場份額勝過短期效益；針對中國企業投資海外設立專門基金；外貿政策配合地緣政治目標。
產業政策	國家有針對性地支持「戰略新興產業」；政府干預產業經濟及結構；保持國家對「戰略」產業的控制。
能源/環境政策	大量使用能源帶來嚴重環境問題；為改進技術向資源節約型能源和保護環境轉變。
技術政策	通過限制性規定和激勵政策收購先進技術；利用市場換技術；為培育具有國際競爭力的創新體系制定長期規劃。
媒體和公共政策	主動管理媒體和營造公共輿論；媒體商業化和去政治化並存；擴大互聯網電子監控體系。
國內安全	擴充包括網絡空間的安全機構；綜合的IT監控體系。

　　許多在中國的投資者和公司都認為中國政治體制的一個優勢是更重視長期發展目標以及大型項目建設，特別是與倉促的、被動的、反複無常的民主體制相比。「中國模式」的主要支持者認為，中國是所剩不多的能夠實現長期戰略的國家之一。要實現長期戰略(不論是基礎設施建設還是發展教育和科技)離不開威權統治和政策執行的連貫性，並把民主選舉和對行政權力的制衡排除在外。

　　中國是否真的體現了一個高效的、技術官僚管理國家的模式？這個模式的特徵是政治、經濟和技術主體與資源、長期發展目標和不受游説和特殊利益團體影響的執行力共同作用。如果我們進一步審視，很多討論所描述的就不再像乍看之下那麼有根有據了。值得注意的是，建立在等級制度傳統之上的國家權力在中國也日趨衰落。另外，國家對有關發展的關鍵議題制定政策的能力(比如金融體系、收入分配、環境和人口統計)看起來也很有限，雖然習近平集中了決策權，但也沒有改變多少這種狀況。總之，把中國視為一個中央集權國家這個流傳甚廣的看法只能解釋中國政治和經濟活力的很小一部分。這些活力更多地是由一些分散的、不可控制的力量所造成的，而不是體制因素。

　　如果就中國的經驗和實踐對發展中國家和新興市場的影響來看，中國也許並不能被當作一個可以直接借鑒的模式。然而從認識觀念上來說，中國的發展方式可以作為一種靈活的、另類的參考框架，這個框架提供了西方模式之外不同的思路、方法、證明以及獲取執政合法性的方式。特別是威權的或「非自由」國家的精英們可以利用中國的成功經驗來證明威權領導和「強政府」對發展的重要性，比如俄國、匈牙利、委內瑞拉、厄瓜多爾、伊朗、埃塞爾比亞、津巴布韋、泰國和柬埔寨等國家都表示了對中國發展模式的興趣。儘管仍有很多國家的政治精英和普通民眾對強勢的中國心存疑慮，但中國發展政治經濟的方式方法對他們具有巨大

的吸引力。隨着中國全球投資活動增加，中國的政治理念、治理實踐和政治合法性概念也會在世界範圍加快傳播。

中國作為一種現代國家體制是否會挑戰西方以市場經濟為基礎的民主體制？特別是2007年到2009年世界經濟危機以後，西方民主國家包括美國、西歐和日本在發展中國家和新興市場中的聲望和公信力明顯下降。中國目前在歐亞大陸所展開的地緣政治活動就是基於這樣的認識，即美國和歐洲正在衰退，而中國是當前唯一有能力填補這個空白的國家。西方市場經濟和民主體制衰落，正是中國在世界贏得聲望和影響力的前提。

如果這種此消彼長的情況繼續下去，如果習近平的改革議題（政治紀律和集權結合經濟自由化和結構轉型）到2020年順利實現，而美國和西歐的經濟技術以及政治行動力都沒有改善，那麼就有可能形成不同政治體制之間的真正競爭。威權的黨國體制將會毫無疑問地成為民主國家一個強大的競爭對手，並不斷被用來衡量比較。隨着中國全球外交和投資日趨頻繁，必將會促進符合中國治理實踐的方法和技術。目前可以觀察到的一個日漸趨同的例子就是國家利用新的信息技術所建立的監控體系，隨着中國的監控產品和技術出口到世界各地，雖然只是出於商業利益，但其結果必然推動全球的監控體系向前發展。

在變幻莫測、危機四起的21世紀，中國政府一種特殊的治理方法有可能對西方民主國家帶來重大挑戰，即政治體制對不斷出現的危機和挑戰所展現的靈活反應、適應和糾偏能力。過去幾十年美國和西歐不重視這些能力，因為人們相信民主競爭會自動修正更新政治秩序。然而，全球金融危機和歐元危機發生之後，民主國家政府缺乏修正市場缺陷的能力，讓原先的想法受到了衝擊。如果仍抱着這種想法甚至是危險的，因為一味地自我陶醉、對傳統機制不進行反思，只會讓這些機制更快地失敗。一個政府

必須要對各種新挑戰作出回應，無論是周期性經濟危機還是社會危機、減少資本市場風險、管理網絡空間、克服日益嚴重的社會不平等現象、還是政策過程中與社交媒體所造成的輿論配合等。固守19世紀和20世紀所形成的組織和管理模式，堅持政治和體制慣性，缺乏更新政府管治的動力，這些都是許多西方政府最重要的弱點。無論民主還是威權體制在21世紀都要面臨一樣的挑戰，即在經濟、技術和媒體技術迅猛發展的環境下進行廣泛調整，同時避免體制崩潰和經濟衰退。

中國的威權黨國體制並不適合西方民主社會仿效，依法治國、限制國家權力和保障個人自由毫無疑問依然對世界各國具有吸引力，包括對中國社會也是如此。中國的政治和企業精英把他們的子女和財產轉移到西方民主國家，從側面證明了這一點。很顯然，中國體制內的人並不確信並看好中國體制的未來，不像官方媒體對外所宣傳的那樣。

儘管有缺陷，中國在經濟發展方面所取得的成就，還是讓很多人對民主國家長期以來所形成的制度優越性產生了懷疑。總之，把西方當作理所當然的榜樣來學習的時代已經過去，各國之間的經濟、技術、國家能力和公信力的競爭都在加劇。面對崛起的中國，西方自由民主制度要取得更好的政績和合法性，這種壓力將進一步加大。

索 引

以索引詞漢語拼音為序